学生を成長させる
海外留学プログラムの設計

[収録] 緊急座談会
「コロナ禍における海外留学・国際教育の現状と展望」

河合塾編著

芦沢真五・井上雅裕
太田　浩・友野伸一郎
深堀聰子・村澤昌崇
村山賢哉・野吾教行

東信堂

まえがき

　本書は国際教育の一環としての留学生教育について、総合的で多様な調査結果を発表するだけでなく、執筆者による座談会を開催し、議論した成果に基づいています。

　本書の基盤となったシンポジウムは、平成 29 年度 (2017 年度) に河合塾で受託した文部科学省委託事業「日本人の海外留学の効果測定に関する調査研究」の成果を報告書による発信だけでなく、実際にこの内容に関心を持つ大学教職員の方々に直接発信したいというプロジェクトメンバーと、調査研究を牽引してくださったアドバイザリーボードの先生方との希望により実現したものです。そしてシンポジウムの終了後、参加者の方々からご好評をいただき、プロジェクトメンバーが感じた手応えを、東信堂の下田社長がご理解くださり、書籍化が決まりました。

　そして、2020 年夏ころに刊行予定していましたが、周知のとおり新型コロナウイルス感染がパンデミックとして世界中に拡大し深刻化した時期と重なり、当初の計画した内容をコロナ禍まっただ中で発信しても読者を惹きつけることは困難であると判断しました。そこで一時的に中断し、コロナ禍での感染拡大とそのもとでの大学教育の状況についてある程度見通せるようになったと判断した 2021 年 3 月に急遽緊急座談会をオンライン会議システムで開催することにしました。座談会では、本書の執筆の先生方を中心に留学にかかわる国際教育や教育社会学の研究者、国際教育の実践者であるアドバイザリーボードの先生方にご参加いただき、コロナ禍そしてアフターコロナ時代における海外留学や国際教育の現状と在り方について、熱い議論を交わしていただきました。この記録を本書の冒頭に置いて、やっと今回の発刊にたどり着くことができました。

　もともと本書は、海外留学プログラムの効果検証、外国留学支援政策の国際比較、授業設計やカリキュラムデザインの観点からみる海外プログラムの

工夫事例、留学満足度などの調査の詳細分析、そして海外留学プログラムの特色ある好事例の詳細な説明で構成されています。そして冒頭の緊急座談会の追加により、アフターコロナの時代を見据えての観点が加わることで、本書は、激化する国際的な留学生獲得競争の中で今後の海外留学プログラムを開発する際の参考にすることができるだろうと自負しています。

　地政学的リスク、貧困と格差、地球温暖化、海洋プラスチック問題、新型コロナウイルスの感染拡大などに代表されるように、昨今私たちが向き合うべき問題には、グローバルなアプローチを必要とするものが多く見受けられます。一方、コロナ禍である2021年9月現在、東京オリンピックは無事終了し、またワクチン普及などにより、国境を超えた人の移動は今後徐々に解放されていくことで、今日の都市部、地域社会に限らず、そこに住む人々、生活で利用するもの、あるいは見聞きすること、様々な側面にグローバリゼーションは浸透しています。こうした背景のもと、国際社会においても、地域社会においても、国境を問わず世界の人々と問題意識を共有して、その解決に当たっていくことが、これからの日本に求められています。その意味でも、高等教育における国際教育とりわけ留学生教育は、より重要性を増していくことでしょう。本書の発刊を通じて、行政や大学での国際教育発展の一助となりますことを願い、本書のまえがきに代えさせていただきます。

　なお、本書は、主催：河合塾、共催：東洋大学、後援：文部科学省で、2019年3月に実施したシンポジウム「カリキュラムデザインと事前・事後学習から見た、学生を伸ばす留学・海外プログラム（文部科学省委託事業「日本人の海外留学の効果測定に関する調査研究」をふまえて）」での発表をもとに出版されたものです。

河合塾大学教育調査プロジェクトメンバー一同

目次／学生を成長させる海外留学プログラムの設計
―― [収録]緊急座談会「コロナ禍における海外留学・国際教育の現状と展望」――

緊急座談会

「コロナ禍における海外留学・国際教育の現状と展望」 ……………3
参加者：芦沢真五、井上雅裕、太田浩、深堀聰子、村澤昌崇、村山賢哉
司会：友野伸一郎

第4章　日本人の海外留学効果測定の調査研究

…………………………………… 村澤昌崇・中尾　走　145
──SEM・傾向スコア・決定木を用いて──

第5章　特徴ある事例紹介　芝浦工業大学…… 井上雅裕　167
──グローバル PBL──

■図表一覧

学生を成長させる海外留学プログラムの設計

—— [収録] 緊急座談会「コロナ禍における海外留学・国際教育の現状と展望」——

緊急座談会

「コロナ禍における海外留学・国際教育の現状と展望」

緊急座談会の目的

　海外留学のあり様は、新型コロナウイルスの感染拡大により、それ以前とは異なる様相を呈してきた。本座談会を展開するにあたっては、新型コロナウイルス感染拡大の状態を基準とし、コロナ禍以前の社会をビフォアコロナ、コロナ禍にある現在をウィズコロナ、そしてコロナ禍が解消されたのちの社会をアフターコロナとして表現することとする。

　ビフォアコロナにあたる近年、社会のグローバル化の急速な進展に大学教育を対応させるべく、日本の大学は国際教育交流に注力し、政府も奨学金や補助金の投入を通じてこれを後押ししてきた。その結果、日本学生支援機構の調べによると、外国人留学生は 312,000 人（2019 年 5 月 1 日時点）、日本人留学生数は 115,000 人（2018 年度）に上った。

　しかし、2020 年 3 月に新型コロナウイルスの感染拡大が世界的に深刻化すると、現地で海外留学する日本人学生のほとんどが帰国し、新規の海外留学は中止となった。この状況は 4 月以降の 2020 年度においても一貫して変わることはなく、2021 年 5 月現在においても、ワクチンの開発により問題解決の兆しはみられるが、多くの国々は未だウィズコロナの渦中にある。国際教育の文脈でこの影響を大きく受けたのは、近年増加してきた国際系の大学や学部である。日本人学生の海外留学や海外プログラムを必修とする大学は主だったところだけでも 25 大学、40 学部以上あり、これらの海外留学や海外プログラムの多くが、少なくとも現地派遣は中止となった。

　この状況下、各大学は中止の意思決定をすることに終始していた訳ではなく、オンラインを活用した国際教育の仕組みを開発し実施してきた。本座談会でのちに紹介する芝浦工業大学や東洋大学では、オンラインでの PBL などを実践した。本書籍での紹介はないが、東北大学ではオンラインでの交換留学プログラムを開発・実施したり、いくつもの大学で協定校がオンラインで提供する科目の単位認定をおこなったりするなどの動きがみられた。また UMAP (University Mobility in Asia and the Pacific)、APRU (Association of Pacific Rim Universities) などのような国際コンソーシアムに参加し、コンソーシアム内で提供される海外大学が提供するオンライン科目を学生に提供し単位認定する取り組み、オンライン国際協働学習である COIL (Collaborative Online International Learning) を実施するような取り組みもみられた。

　こうしたコロナ禍でのオンラインを活用した国際教育を通じ、その課題や、アフターコロナに向けた今後の国際教育の在り方や方向性などが見えつつあるというのが 2021 年 5 月現時点である。

　本書籍は 2020 年半ばに一旦の完成をみたが、コロナ禍により本書籍にて主張する内容の前提は大きく変化した。ゆえに、その原稿のまま発刊しても、読者から前時代の内容として敬遠されるであろうことは容易に想像できた。しかしそこで主張する内容そのものは、ウィズコロナの状態にある現在、そしてアフターコロナの時代においても、その重要性が損なわれることはないとプロジェクトメンバーでは考えている。そこで、2020 年半ばに一旦完成をみた内容とウィズコロナおよびアフターコロナの社会における海外留学の在り方とを橋渡しし、読者が本書籍を手に取りやすくできるよう、国際教育の気鋭の研究者と実践者、そして高等教育の研究者による緊急座談会「コロナ禍における海外留学・国際教育についての現状と展望」を追加した。

（文責：学校法人河合塾　野吾教行）

緊急座談会

参加者 (50 音順　所属は 2021 年 2 月 6 日時点)
芦沢真五教授 (東洋大学)
井上雅裕教授 (芝浦工業大学)
太田浩教授 (一橋大学)
深堀聰子教授 (九州大学)
村澤昌崇准教授 (広島大学)
村山賢哉准教授 (前橋国際大学)
司会　友野伸一郎 (教育ジャーナリスト
河合塾 大学教育調査プロジェクト)

1. コロナ禍を大学はどう受け止めたのか

友野　最初に、お一人ずつコロナ禍についてどう受け止めていらっしゃるかをお話しいただいて、それから本論に入っていきたいと思います。

井上　2020 年の 3、4 月から大きく状況が変わったので、大学では「コロナの状況は非常に厳しいけれど、これをむしろ積極的に受け止めて大学の改革をする機会にしよう」ということで改革を進めていきました。

EdTech や新しい教授法の導入が一気に進み、将来コロナ禍が終わった後もそれを継続する、だから汗をかくならコロナ禍が終わった後も使えることをやろうという方針で進めています。オンラインの授業は進めてきていますけど、やはり理工系なので実験がやりにくいし、試験は徹底的にやりにくいですね。それからずっと座っていると疲れるとか、先生方の授業の準備期間は 3 倍ぐらいかかっています。統計を取っていますが、1 コマで 13 時間かかっているという先生もいます。こういった大変な状況であるというのが現状です。一方で、時間と空間の制約を受けない点や、なかなか質問をしなかった学生がたくさん質問をするようになった点、小部屋に分かれてディスカッション形式にしたら、むしろ大教室のときよりもコミュニケーションが向上して、学生の様子がわかる点などのメリットも明らかになってきました。プ

ロジェクトベースドラーニング（PBL）ですが、学生が授業時間以外に集まったり、海外の学生が自由自在に PBL に参加できるなど、国内外の連携はオンラインで意外にやりやすくなりました。海外から特別講義をしてもらうこともずいぶんとやりました。

　人と人が直接会えないというデメリットはありますが、いい面も十分あります。だからこのコロナ禍がおさまっても元の状況に戻るということはないだろうと思います。対面とオンラインを組み合わせたかたちで、今までできなかった「いつでも会える」という国際連携、産学連携、リカレント教育が進むんじゃないかと思って期待しています。

太田　コロナ禍により大学は世界的に大きな影響を受けています。オーストラリアの大学では、17,000 件の雇用と 10.8 億豪ドルの収入が失われ、アメリカでは、私立大学だけで 35 万件以上の雇用が減少したと報じられたように、高等教育全体が大きな打撃を受けています。国際教育も物理的な移動による学生交流は事実上休止している状態です。ただ日本の大学の場合は、外国人留学生の高い授業料に依存するようなビジネスモデルの国際教育ではないので、その点では、英語圏に比べると負の影響が小さいと言えます。しかし、島国である日本の学生が外国に行って勉強できないというのは大きな損失です。コロナ禍の影響を見ていて私が感じることは、もともと日本の高等教育や国際教育に内在していた問題が、コロナウイルスのパンデミックでより顕在化しているということです。

芦沢　井上先生がおっしゃったように、今は限定された状況でしか教育活動を取り組むことができないので、それを逆手にとって、やれることをやっています。ただし、完全に全てをオンラインで補完できません。それをどう穴埋めするかというチャレンジをずっとし続けている状態です。私の場合、本来は来週、学生をロサンゼルスに連れて行く予定でした。毎年、第二次大戦中に日系アメリカ人が収容されていた、マンザナール収容所跡地や日系アメリカ人博物館などに学生を連れて行くのですが、今年は、現地の日系人の方がバーチャルツアーを企画してくださっています。バーチャルでサイトを回って、サイトの中で「ここに 1 万人が収容されていて、トイレはこんなん

だったんですよ」などと見せてくださるのですが、そんな感じで、やれることをやっているというところです。

　また井上先生がおっしゃったように、逆手にとってやれることをやる訳ですが、それをどこまで広げられるかが勝負だと思います。今までは絶対できなかったこと、例えば「外国人留学生の教育に通信制は認めない」というのが文部科学省の考え方でしたが、今回の緊急措置で一時的に通信制はOKになってしまいましたね。それで東洋大学でも日本に在留しない状態で、オンラインで授業を受けてちゃんと単位を取った学生もいます。それは緊急避難的なことですが。その一方で、留学先から半強制的に帰国させられた日本人学生の場合ですが、帰国後も留学先の授業を継続してオンライン受講しながら、東洋大学の授業も履修した、という学生もいるんです。従来ではありえないストーリーですが、それができてしまった訳です。ですから、「あ、なんだ、できるじゃないか」ということがあって、文部科学省や法務省の考え方では「これは緊急避難だったんだ」ということでしょうけど、「結果的には大きな問題なく、制度の柔軟な運用ができてしまったのだから、今後はもっとフレキシブルに対応していいのではないか」という議論もこれからは出てくるかもしれないですね。こうした考えと今後どこで折り合いをつけるかは、けっこう大きな問題なのかもしれません。

村山　どこの大学も同じだと思いますが、コロナ禍の受け止めについては率直に言ってしんどかったです。2020年4〜5月の段階で国からは緊急事態宣言が出されましたが、群馬県は特に感染が少ない地域で、社会が大学に求める教育と大学が提供できる教育には大きな隔たりがありました。大学は繁華街の飲食店などと同じ扱いになっていて、国や県の指針に従って三密を避けても対面授業ができない状態だったのに対して、群馬県では小中高の学校で通常どおり授業がおこなわれていました。群馬県内の企業もほとんどがリモートワークになりませんでした。飲食店等も含めて、街から人が減っている印象もありませんでした。

　そういう状況の中で、大学だけが他の学校と違う対応をせざるを得なかったため、「なぜ対面授業をしないんだ」という風当たりが強い状況が生まれ

ました。前橋国際大学の学生からも「弟や妹は学校に行っているのに、なぜ私は大学に行けないんだ」と多くのクレームを寄せられるという状況でした。

そうした中で、本学らしい学びをどうやったら提供できるかを考えざるを得ませんでしたが、そこが大変でした。本学は大学全体としてもアクティブ・ラーニングに力を入れてきましたし、個々の先生方もアクティブ・ラーニング授業に磨きをかけてきたのに、それが発揮できずフラストレーションがたまるという状況もありました。

ただ、その中で本学はこれまで様々な取り組みをおこなってきましたが、どれが本学らしい取り組みなのか、学生にとって有用なのか、それをもう一度洗い出す機会になったとポジティブに受け止めています。後ほどお話しするミッショングローバル研修とも関係しますが、この研修で本当につけたかった力は何なのか、それは海外に行かなければできないのか、2つ以上のプログラムにまたがっておこなえば国内でも可能ではないのか、そういったことをそれぞれの担当がもう一度、とらえ返すことができました。

もう一つは、他の先生方のお話しでも出てきましたが、テクノロジーに関することです。今までは、スライドくらいは使用していたけれども、ITを活用した教育には取り組んできていませんでした。それがこの事態で、デジタルトランスフォーメーションに強制的にでも取り組まなくてはならなくなりました。本学は以前から、そこを変えていかなくてはという思いがあったので、その背中を押されました。

実は4月末、最初に遠隔授業を始めたときは、本学は動画を使わずテキスト型のみに統一しました。確かに教育効果の問題はあったのですが、この時点では学生も携帯電話1台しか持っていないとか、通信制限があったりして、その中でオンライン授業を受けなくてはならないという状態でした。そういう状況でZoomに対応できない学生が一定数いたので、1割でもいる限りは、それを置き去りにして進めるのは本学の精神に反すると考えたからです。最初の1か月はテキストベースとしましたが、その間に貸与できるPCを100台準備し、回線も充実させ、家に回線が無ければ大学に来てオンライン授業を受けることが可能な条件も整えてから、オンデマンドや双方向授業に切り

替えていくという舵取りをしました。

　総じて言えば、学生の満足度を下げてしまうというマイナス面と、改革を促進するというプラス面とのバランスを取りながら進んできた1年、余計な物をそぎ落とす1年でもあったと考えています。

村澤　広島大学の村澤です。申し上げたいことはたくさんありますが、とりあえず3点あります。1つ目は、国際化の在り方を再検討する必要がある、という点です。国際交流が本当に良きことなのか。コロナのような世界規模の危機やリスクに直面したときに、日本のみならず世界全体が充分に対応できなかったという事実は、真摯に受け止めなければならない。「国際」に依存することのリスクが、奇しくもコロナによって如実に現れたことにより、国際化の反省・検証をしなくてはいけない、ということです。

　2つ目は、特に文系の先生を中心に、コロナ禍でオンラインによる授業が展開されましたが、教員に都合の良いような(もちろん学生にも都合が良い)「大学に出勤しなくても良い」という口実を与えてしまったことの功罪を考えるべきだ、という点です。

　3つ目は意思決定の問題です。このような危機やリスクにおいて、意思決定の遅さがあからさまに見られたということ、そして意思決定するべき内容の順序づけが間違っていた、というケースがあちこちで多発していました。この問題に対して、早期に検証しなくてはいけない、という認識に至っています。

深堀　村澤先生の辛口のお考えの後に緩い話で恐縮ですが、九州大学では今、新しい留学の在り方に向けて、明るい議論も始まっています。ご承知のように、授業はオンライン化が一気に進み、秋以降は対面とオンラインを併用するハイブリッドが可能になり、学生が徐々にキャンパスに戻って来ています。緊急事態宣言の中でも、安心・安全を確保しながら実験・実習と卒業研究を中心に、オンキャンパスでも学べるように、大学においても様々な工夫をしてきました。留学に関しては、インバウンドもアウトバウンドも、人の行き来は止まってしまっていますが、そうした中でも、「オンラインでどれだけ国際化を推進していけるか」という議論が始まっています。

　学内規定としては、外国の大学で履修した授業科目の単位認定に関する従前の規定をオンライン授業にも適用し、オンラインで受講した外国の大学の授業科目の単位認定をおこなっていくこととしました。この運用は、「110％の定員枠の中で留学経験をどう増やしていくか」という従来からの課題を突破する一つの方策として受け止められています。つまり、九州大学から日本人学生を派遣するためには、同数程度の外国の大学の学生を受け入れなければならない訳ですが、110％の定員枠の中で受け入れる留学生を増やすためには、大学に入学する日本人学生の数を減らさなければなりません。この問題について、どう考えていくのか。議論がスタックしていた中で、九州大学が外国の大学と MOU（Memorandum of Understanding）を締結し、正式に授業科目をオンラインでシェアしていくことができれば、学生の往来をリアルに増やすことなく、新しいかたちで、学生の留学経験を充実させることができるのではないか。そのための具体的な議論が進んでいます。

　九州大学は 2018 年度から 2 年間かけてカリキュラムを整理し、プログラムの学修目標を類型化して水準分けした上で、授業科目と紐づける作業をおこなってきました。この基盤の上に、カリキュラム上のどのタイプの授業科目はオンラインが適していて、どのタイプの授業科目はオン・キャンパスあるいはハイブリッドで進める必要があるのか。カリキュラムの構造を踏まえた授業科目のオンライン化に向けた議論が始まっている、とても面白い状況にあります。

　例えばその中で、九州大学の共創学部と立命館アジア太平洋大学（APU）との「Issue based Collaborative Online International Learning (I-COIL)」の先導的な取り組みをプロトタイプとして確立することで、他学部でもそれを参考にしながら、新しい取り組みを展開していくことができるのではないかと考えているところです。

2. コロナ禍が及ぼした高等教育への影響

友野　ありがとうございます。これから問題を各点にフォーカスしながら議

論を進めていければと思います。まずは各大学の取り組みを基にしたお話を中心に先ほどしていただきましたが、少しマクロ的視点で、コロナ禍が高等教育全般にどういう影響を及ぼしているのか、それから特に世界の国や大学、世界の国の大学の動向についてはどうなのか。この点について、まずは高等教育全般という視点に広げた場合、深堀先生いかがでしょうか。

深堀　先ほど、九州大学の例で申し上げたことにも関連しているのですが、今までの留学は、本学も含めて、経験を積むという意味で、短期の留学でも奨励する傾向が強かったと思います。しかしながら、留学のリスクが高まったことによって、あるいはリアルな留学ほどコストのかからないオンラインによる留学経験の機会が広がったことによって、リアルに留学するからには、「何を得て帰ってくるのか」が問われるようになるのではないでしょうか。それはすなわち、教学マネジメントの仕組みの中で留学を議論する必要が強まっていることを意味します。カリキュラムの構造の中に留学を位置づける作業が、今後、各大学で進んでいくと思います。

　「単位を認定し、互換する」ということは結局、学修成果に基づいて、異なる教育プログラムの中に位置づく、授業科目同士の等価性を説明することを求めます。その前提として、授業科目のシラバスにおいて、到達目標とそれを達成する方法が明記されていなければなりません。九州大学留学生センターでは、今、センターが提供する短期プログラムについても、学修成果を明確化しようとしています。このように、欧米スタンダードのラーニング・アウトカム・ベースドのプログラム設計の考え方が、今後、留学プログラムについても普及していくのではないかと考えます。そのことによって、日本の大学本体の学位プログラムの国際通用性、3つのポリシーの国際通用性が高まるのだとすれば、コロナは日本の高等教育にとって、非常に重要なプラスの影響もあったと、後々言えるようになるかもしれません。

友野　次に太田先生、この1年の世界的動向についてお話いただけますでしょうか。

太田　先に述べたとおり、パンデミック以前からあった問題がコロナ禍で顕在化しています。「まず外国に行くことが大事、海外体験することが大事」と

いうような非日常体験を目的としたような短期留学が世界中で広がっていったのですが、そのような学生の国際移動に過度に依存した国際教育は、パンデミック以前から Climate Action Network for International Educators（CANIE）という団体を中心に、環境への負荷（航空機が出す二酸化炭素排出量）が大きすぎるという批判が起きていました。対面での教育や体験を前提とし、長距離の国際移動を当然視するのではなく、ICT を活用したバーチャルな国際教育交流、そして、地域の移民や難民との交流を促進したり、カリキュラムの国際化を推進したりすることで低コストかつ環境にやさしいだけでなく、より多くの学生を取り込む国際教育が可能になると主張しています。これは、大学の教職員や研究者にも当てはまり、学会、国際会議、研究交流での頻繁なフライトも問題視されており、オンライン会議やウェビナーで代替すべきと指摘しています。ただし、ヨーロッパでの議論では、移動手段を航空機から鉄道に変えようというのですが、それは島国の日本では通用しませんね（笑）。

　また、短期留学については、学習成果の観点からも批判的な意見が出ています。そもそも短期留学は学習成果より、非日常的体験を通して人生や価値観が変わる契機（気づき）といった事後につながる学習効果が重視される傾向にありました。しかし、短期留学の前後に ICT による教育を組み込みブレンディッド・ラーニングにすることで、留学期間は短いが、学びの期間は全体として長期化し、学習成果を高めるべきという動きが出ています。

　海外では、コロナ禍により人の国際移動が制限される中、高等教育機関やプログラムが国境を越えて移動するトランスナショナル教育を振興しようという動きが出ています。例えば、アリゾナ大学は "Global Campus" を世界 34 カ国、130 都市以上に拡大し、2,200 科目、200 の学士課程、60 のオンライン学位プログラムを、そのようなマイクロ・キャンパスで展開すると発表しました。オーストラリアのモナシュ大学は新たなブランチ・キャンパスをインドネシアに設置しますし、イギリスでもオフショア・プログラムを拡大しようとしています。このようなトランスナショナル教育でも ICT を活用した教育実践が拡大するでしょう。

　もう一点、指摘しておきたいことは、ICT を活用した教育が普及すると、

これまでのような同じ時間と場所において集団で学ぶ方式から学びの個別最適化へと移行し、学習時間数を基準としたワークロード・ベースの単位制から、何を身につけたか、何ができるようになったかが重視されるコンピテンス（スキル）・ベースの学習成果重視型へと高等教育のアセスメント、ひいては高等教育の在り方が変わっていくように思います。しかし、大学における教育がコンピテンス（スキル）・ベースばかりになって良いのかという疑問も示されています。

友野　村澤先生にも高等教育全体についてご意見、お話しいただけますか。

村澤　高等教育全体については深堀先生や太田先生のお話でほぼ尽きているとは思います。私は、どうしても内省・反省するべき点に目が向いてしまいます。先ほど申し上げましたように、政府も大学も教員も職員も、意思決定の遅さと優先順位の錯誤が見られたと思います。典型的なのは、コロナ禍を契機に、積極的に教育制度の改革を進めようという動きがありました。皆さんもご存じのように、9月入学を積極的に進めようという議論がにわかに湧き上がりましたね。ただ、これにはかなり批判もあり現段階では幸いにも立ち消えていますが、このタイミングでやるべきだったのか。当時の優先順位のトップに位置づけるべきは、学校に関わる子供たちや若者、その保護者、そして教職員の「命の確保」であったはずです。残念ながら、政府のレベルにおいて、意思決定の優先順位を間違えてしまったといわざるを得ません。

3. 芝浦工業大学システム理工学部はコロナ禍にどう対応したか

友野　コロナ禍の中での全体的な国内的・国際的な動きについて、ただ今ご紹介いただきましたが、次にマクロ的な視点からこの書籍の内容に立ち返りたいと思います。

　この書籍の中で、具体的に芝浦工業大学の国際PBLと、共愛学園前橋国際大学の事例の「ミッショングローバル」のプログラムを紹介していただきました（本書第5章）。さらに東洋大学や九州大学も含めて、それらの海外留学プログラムがコロナ禍で具体的にどうなったのか、この1年間で具体的に

どう対応されてきたのか、そこから得られた教訓、メリットやデメリット等についてご紹介いただきたいと思います。まずは井上先生お願いします。

井上 次の5つの視点で取り組んできました。①学生中心、②マネジメント、③教授法、④協働、⑤テクノロジーと環境、この5点です。

①の学生中心については、学修の機会を保証しよう、失わないようにしようとしました。障害をもった学生に対し学修の機会を保証するための施策をしました。また、留学が必須である教育プログラムの学生に対しても、オンラインでの留学などにより留学の機会をコロナの状況でもしっかり確保しようということです。②のマネジメントに関しては、オンラインでの教育の質保証をしっかりやっていこうということです。また、学生一人ひとりの負担がレポート等で増えていますので、自己学習時間が増えたことは良いことですが、CAPの徹底などトータルの教学マネジメントをしっかりやっていこうということです。それから③の教授法は、これは対面と違ってやはりオンラインに合った教授法をとらないと学修成果が上がらないので教授法に合わせたFDを進めて、国際PBLもどんな方法でやるかというのをいろいろ共有しながらやってきました。④協働と⑤テクノロジーの項目については、また後で紹介します。

芝浦工業大学では、昨年度（2020年度）まで年間80の国際PBLを全て対面で実施していました。年間で1,000人を超える学生が国境を越えて行ったり来たりしていたんですが、これをどうやって止めずに続けるのかというのが問題です。そして、現在は国際PBLをハイブリッド形式で昨年度の3分の1の数を開催しています。ここでのハイブリッドというのは、対面とオンラインの併用です。国と国との交流は、今は国境を越えて動くことはできないのですが、それぞれのキャンパス内で集まることはタイやマレーシアでならできます。日本国内でも三密を工夫すればできますので、それぞれのキャンパスで対面のプロジェクトをやりながら、それらをオンラインでつないでおこなうという方法です。もう一つは完全オンラインの国際PBLという形態です。両方の形式で昨年度の約3分の1、30件ぐらいのオンラインのPBLを実施しています。

　現状では、2021 年度は 25 件を実施する方向で進んでいます。オンラインの国際 PBL では、アセスメントも全部オンラインでやっています。後から紹介しますが、PROG テストを使ったアセスメントや、オンラインでバーチャルチームがどうやって形成されていくのかというアセスメント、学生がチームベースで仕事をしているところをリアルタイムでアセスメントしてリアルタイムでフィードバックするというラーニングアナリティクスを活用した取り組みなど、こういったオンラインだからできる取り組みを進めて、PBL を支援しています。

　国際留学に関しては、留学が必修の教育プログラムがあるため、そのプログラムの学生が留学する機会を失わないようにということでオンライン留学を進めています。時差の問題もあるのでやはりアジア地区が多いのですが、本学学生のオンライン留学先はタイ、マレーシア、インドネシアです。オンライン留学の受け入れはアジア以外も多く、ブラジル、アメリカ、ロシアも含め現在 41 人がオンラインで授業を受けに来ています。

　PBL を国際的連携の中でどうやるか、という点についてですが、最終的に理工系の学生は、国際協働研究や国際協働開発というものが当然、将来に想定されるので IoT の開発・ソフトウエアの開発などを遠隔協働開発できる環境を作り上げて、そこでハードウエアを協働で作ったり、ソフトウエアを協働で作ったりできる仕組みを構築し、実際に体験する、という取り組みをおこなっています。学生に向けて「将来、インドの方やヨーロッパの方と一緒に協働開発をすることがあるんだよ、その模擬体験をしているんだよ」といったポジティブな位置づけで考えて PBL をおこなっているという形態です。

　次に、国際 PBL は従来は実際に対面して 2 週間ぐらいの短期でやっている場合が多かったのですが、オンラインでは短期集中で実施する制約はありません。毎週会うこともできるため、6 週間や半年かけて継続的におこなっている PBL もあります。その中でバーチャルチームがどうやって形成されるかというのを測ったものがこのグラフです。Forming、Storming、Norming、Performing といって、バラバラな状況から、対立する状況になって、次第にベクトルが同じ方向に向かい、最終的に成果が出せるという 4 段階のレベル

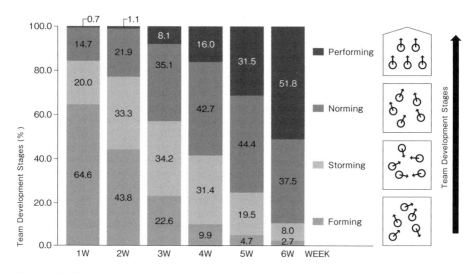

Maruyama, Tomoko; Inoue, Masahiro, Design and Implementation of an
Online Leadership Education, Proceedings of 2020 IEEE International
Conference on Teaching, Assessment, and Learning for Engineering (TALE), Dec. 7-11 2020.

図　オンライン国際 PBL でのバーチャルルームの開発段階（期間：2020 年 6 ～ 7 月）

を表しています。実際にアセスメントしてみたら 6 週間ぐらいでだんだんと
国際チームが形成されていくというのが見えてきました。こういうのも面白
い内容だと思います。

　ただ、オンラインの交流だけで対面の交流は代替できません。やはりオフ
ラインで集まって取り組む、リアルに一緒に何かを食べたりすることは大事
で、文化に親しむということを考えると、やはり対面が必要です。いつでも
会えるオンラインと、直接会って親交を深める対面を両方とも組み合わせる
ことは必須だと思っています。

　もう一つ、オンライン PBL の実施環境の一例を紹介します。これは 2021
年 2 月におこなう PBL ですが、バーチャルな空間を用意しました。このバー
チャル空間には人型の私のアバターがいて、私は自由に歩き回ることができ
ます。フロアには学生のチームの部屋がいくつか用意されています。チーム
ごとに学生がその部屋に集まってくるんです。学生もアバターです。その学
生がディスカッションしています。教員はそれぞれのチームを訪問しながら

コメントすることができます。さらにぐるっと部屋を眺めるとポスターが
あって、そのポスターでプレゼンテーションしている場所を見てまわること
もできます。これなら Zoom だと実現できない内容、例えば周りの人の様子
がわかったり、移動中のフロアで出会った人とも立ち話ができます。こういっ
たテクノロジーも使いながら学生にいろんな体験をしてもらって補完してい
ければ、と思っています。

全員　すごい！

井上　あとは、工学教育協会で工学教育のデジタライゼーションとデジタル
トランスフォーメーションの調査研究委員会を立ち上げる計画をしています。
最終的に、国際連携教育は、それぞれの大学が例えばロボティクスとかデー
タサイエンスとかマネジメントなどのモジュールを用意して、それを国際的
に共有し合って学修者に出すという仕組みになるだろうと考えられます。そ
こでこういった仕組みを工学教育のレベルでどう作ろうか、国際的にどうし
ようか、という議論をするための委員会を作りました。

　また高等教育におけるデジタライゼーションを「デジタル技術により、新
しい価値を生み出す」、デジタルトランスフォーメーションを「社会のニー
ズを基に、デジタル技術を活用し、教育を提供するモデルを変革するととも
に、組織、プロセスを変革する」と定義しています。

　さらに教学マネジメントの科目レベル、教育プログラムレベル、機関レベ
ルの 3 階層について、デジタル化によって新しい価値を生み出すという視点
と、デジタル化で教育のモデルやプロセスを変える視点の 2 つの視点で調査
委員会を 2021 年 4 月からスタートさせます。

友野　ありがとうございます。すごい取り組みだと思います。これはコロナ
禍が表面化してすぐに始まったのですか。そのプロセスはどんな感じだった
のでしょうか。

井上　3 月に方向を決めてスタートしました。授業のスタートを少し遅らせ
て連休明けからスタートしましたので、準備期間は 1 か月ですね。国際 PBL
をオンラインでやるのは 5 月の連休明けからです。

友野　学生の反応や成長に関しては、今までと比べて何か感じられましたか。

井上 国際 PBL 以外の PBL も全部オンラインで実施し、その中には大規模なものもありましたが、教員からの評価で学生の出来がオンラインの方がいい場合がかなりありました。レポートの出来もいいし、対面で会えないのに、なぜこんなに出来がいいのかっていうくらい、ちゃんと良くできているんです。これは個人的感想ではありません。500 人対応の必修科目の PBL をコロナ禍前は対面でやっていたのですが、これをオンラインに変えました。関わる 15 人の先生が皆さん、「今年は出来がいい」とおっしゃいます。なぜこんなに出来がいいんだろうという感じです。オンライン授業になってから逆に授業時間外にもオンラインで学生が会う機会が増えたように感じます。今後対面授業ができるようになったときに、こういったオンラインの環境は用意したままにしておいて、授業時間外は適宜集まってもらってチームの活動を継続してもらったら学修成果が上がるんじゃないか、と考えています。意外に学生の出来は悪くなってない、むしろ良くなっている場合が多い。実験に関してはなかなか難しいのですが、実験以外はむしろ学修成果が上がっているという場合が多いのです。

友野 ありがとうございます。他の先生方、この芝浦工業大学の取り組みについてご質問など何かあればぜひ出していただければと思います。

太田 こういう新しいものを大学内で教員がすぐに使おうとしたり、実際に使いこなせたりするということは、芝浦工業大学には ICT 活用のマインドや新しい教育実践に取り組む素地が根づいているのでしょうね。

井上 大学には非常勤講師の方も半分くらいいらっしゃるので、4 月から現在までオンラインで FD・SD 研究会を 14 回ほど開催しました。

太田 すごいですね。

井上 オンラインの FD・SD 研究会では、この機会に反転授業を積極的に導入しようとか、新しい教授法でオンラインに合った方法を導入しようとか、オンラインの PBL を導入しようというような新しい取り組みと、最低レベルでもしっかりと教育機会をキープしようという両方を組み合わせたかたちで 14 回ほどやりました。この方法で底上げと新しい取り組みの両方を実施できたのだと思います。非常勤講師に対するサポートが一番大事だったと思

います。

芦沢　2つ質問をしてもいいですか。本当にすごいと思います。私もオンライン PBL をやっていてすごく苦労しているのですが、プラットフォーム等は統一したものをお使いでしょうか。いくつかの授業で複数の PBL に取り組む場合、オンライン・プラットフォームが違うと学生が戸惑い、相手を間違えるということがあって、少し混乱した、という経験があります。それから 2つ目は特に 1年生の場合、デジタルリテラシーなどを教えながら、実践も取り組みながら、という感じになっているのですが、芝浦工業大学はもともとの取り組みが先進的だったのでうまくいったのかな、とも思います。どうなんでしょう。

井上　ツールについては、固定していません。大きくは Teams、Zoom、Google の 3つです。どれかを使っている方が多いんですが、統一はしていません。科目によって違う仕組みを使っています。また、Zoom の場合はチャットができないので、そこに Slack を加える場合が多いです。

　質問の 2つ目の学生の戸惑いというのはあまりありませんが、統一してほしいというのもあまりないですね。先生の方は、これがやりやすいとかこれが新しい機能ができるなどの理由でそれぞれ導入しているので、それぞれ違うツールを使っている先生方の間で、先ほどの FD・SD 研究会で情報交換をしています。私は PBL では Teams を使っています。Teams では学生 1チームごとにチャネルを作って会議室の場所を固定でずっと作っておけるのですごく便利です。やはり Teams、Zoom、Google は教育用に力をいれて新しい機能を入れてくれているので、どれがいい、悪いのではなく、使いやすいところを使っています。講義とブレイクアウトルームなら Zoom が使いやすいし、PBL をやるなら Teams が使いやすいので、どれかに統一するというのは今後もないだろうと思っています。

芦沢　PBL はどちらかというと Zoom が多いですか？

井上　PBL の場合は、Zoom プラス Slack を使っている先生と、Teams を使っている先生と、Google（Workspace）を使っている先生がいます。それから Web 会議だけで済むという形態ではなくソフトウエアの開発環境とかハードウエ

アの開発環境とかを並行して用意している場合があって、様々なコラボレーション環境を用意している場合もあります。それと組み合わせています。例えば IoT のハードウエアやソフトウエアの遠隔協働開発の環境を用意しておいて、それを使いながら Zoom を使うとか、Teams を使うとか、複数を組み合わせる場合が多いと感じます。

太田　交換留学をオンラインでの履修に切り替えたり、海外語学研修をオンラインでのプログラムで代替したりと、ICT を活用することにより渡航せずに、物理的な移動を伴う活動と同様の教育的効果を得ようとするバーチャル・モビリティは、それほど困難を伴わず実行できます。しかし、オンラインで国際的な PBL を実践する場合や COIL [1] (Collaborative Online International Learning) をおこなう場合のように、ICT を活用して学習者主体による地理的・文化的に異なる人々の間での協働学習を組み込みながら、異文化理解やソフトスキルの習得に焦点を当てる教育・学習手段であるバーチャル・エクスチェンジ (VE) では、教員間の信頼関係構築と相互の調整・手配が不可欠です。よって、コロナ禍への対応の好事例として取り上げられているケースも、実際はパンデミック以前から取り組まれていたものが、大半を占めると言われています。さらに、VE では大学間での語学力の問題、学事暦 (学期) の違い、LMS の違いなどの問題も指摘されています。LMS では、日本のものや大学独自のものより、Moodle のような海外で広く使われているものの方が良いとも言われています。芝浦工業大学では、このあたりどのように対処されていますか。

井上　まず教員間の信頼の醸成についてですが、紹介した事例は対面でずっとやってきている PBL をオンライン化するというもので、海外の教員との信頼関係はあらかじめできあがっていました。今回は対面で現地に行けないのでオンラインでということになっています。信頼関係の例では芝浦工業大学で学位を取得して東南アジアの大学で教員となって、研究を一緒にやっているという例もあります。

　LMS についてはおっしゃるとおりです。これまで国際 PBL に参加のために本学に来た短期留学生に、本学の LMS を使ってもらっていました。そうすると LMS を覚えてもらうのに時間がかかります。日本に来る前の予習用

コンテンツは自習がやりにくい状況もあります。それは良くないということで、本学の LMS の代わりに、最近では Google や Teams を LMS として使うことが増えました。これらはわれわれも海外から来る短期留学生の皆さんも使っていて、学生の皆さんは事前に使い方をわかっているので、アカウントを発行しゲストとして招待するだけで済みます。国際 PBL の後のアセスメントもデータの共有もできます。そのような理由で Teams や Google の LMS 機能を使っている場合が増えています。何のマニュアルも取り交わす必要がありませんので、非常にらくです。あえて学内の LMS を国際 PBL 等の短期留学生に使ってくれというのは止めて、世界中の学生が普段使っている環境を利用するかたちに最近は変えています。

友野　ありがとうございます。では一つ私から。井上先生のお話では、コロナ禍ではまず執行部が大きな方針を出されて、ということがわかりました。それと同時に現場の先生方のボトムアップの兼ね合いはどうされたんでしょうか。

井上　確かに 3 月、4 月ごろは様々な意見がありました。例えば「2 か月ぐらい待てばどうにかなるんじゃないか」という意見があったり、「PBL は 6 月ぐらいに延ばして 4 月や 5 月はレクチャーを中心に授業をやっておいて、コロナ禍が終わってから PBL をやればいい」などの意見も出ました。ただ、いつコロナ禍が終わるのかは誰も予測できないので、期待でやってはいけないだろうと考えて、基本的にはどういう状況になってもできる状況にしましょう、学生に学修機会を保証するのが一番大事だ、と合意形成しました。

友野　工学部なのでこういったシステム開発や運用は比較的文系の大学よりやりやすかったのかもしれないと思いますが、とはいえ、関連するシステムを動かす先生方、職員方の知識やスキルはすぐそれにキャッチアップできたんでしょうか。

井上　圧倒的に足りていなかったと思うのは、情報システムとか、それからeラーニングに対するサポートスタッフの人数です。国立の大きな大学に比べると一桁少ないと思いました。そこで、情報システム部門のみに負担をかけないために、学生課を含め、全職員が連携して非常勤講師の方をサポート

できるようにして、トラブル対策ができるようにしようと、職員全員でサポートしましたし、教員間でもサポートし合いました。

　また学生からの技術的な問い合わせが直接情報システム部に行ったら対応しきれませんので、まず科目担当の教員間で一次窓口を受け持ってサポートしました。それに加えて学生間でサポートし合う仕組みを作って情報システム部門に負荷が集中しないようにしました。そういうことで他人事ではなくて先生方一人ひとりがサポートし合って、さらに通常は全く関係がない部署の職員もサポートして、そうやって乗り切ったと思います。

友野　先ほどの VR を取り入れるなどの資金についてですが、どうやって乗り切ることができたんですか。

井上　学内の競争的資金で昨年から教育のデジタライゼーションに対する取り組みに対して予算をつけていますので、この予算を使うという形態もありました。また学長の裁量費があるのでそれを活用するという形態があります。

4.　東洋大学はコロナ禍にどう対応したか

友野　ありがとうございました。では次に東洋大学で 2 つあると思うんですが、1 つはコロナ禍以前までやっていた全員留学必須というものをどうされたのかという具体的な話。それから次のテーマにも関わりますが COIL についてもこの段階で少しご紹介いただきたいと思います。

芦沢　芝浦工業大学のお話を聞いていて、ちょっと興奮してしまいました。自分はあたふたしているだけで 1 年が終わってしまった感があります。私のいる国際学部には学科が 2 つあって、その一つのグローバル・イノベーション学科では 1 年間の留学を義務づけています。留学については、基本的には延期です。国内留学など、代替プログラムも模索しています。これまで、テンプル大学ジャパン (TUJ) とは、授業料不徴収の相互履修協定を結んできました。オンラインである点は現状は変わりないのですが、英語力が一定レベルの学生は授業料を払わずに米国大学の履修ができ、単位も認められます。同様に、テンプル大学ジャパンの学生もこちらの授業を受講できます。

そういう構造で相互履修をしています。他に、オンラインのインターンシップを開拓している例では、米国のインターンシップ専門機関であるワシントンセンターのプログラムにオンラインで参加するなど、この1年間では年度内にできることは取り組んできました。

　私たちの国際地域学科はクオーター制で海外留学を実施しており、団体でフィリピン、マレーシア、オーストラリアなどに派遣してきました。コロナ禍で派遣ができなくなったので、プランA、プランB、プランCを考えました。プランA短くても行かせることはできるのか、プランB国内で海外体験をする場を探すなどの案を考えました。例えば、ミシガン州立大学連合日本センター（JCMU）という機関が滋賀県にあります。そこは例年であれば、日本語を学ぶミシガン州の大学生が来て勉強する訳ですが、学生が来られないから寮が空いています。そこで本学の学生が寮に入って勉強し、ミシガン大学とオンラインでつないで共同学習をするという企画を考えました。また、山中湖の寮に海外からの教員に来てもらって、合宿で学ぶプログラムも企画しました。結果として、ほぼ全面的にオンラインになってしまいましたが。

　そこで、もともと行くはずだったマレーシアとフィリピンの大学と一緒にオンライン授業をしながら、PBLで向こうの学生とバディを組んで学ぶことにしました。また、ミシガン大学のジャパンセンターにはコロナ禍の影響により、結局、学生派遣はしなかったのですが、ミシガン大学の先生とミシガン大学の学生と一緒にPBLをやりました。100%オンラインです。

　先ほどの井上先生のお話にもあったように、実は発表の成果については、学生が集中して取り組んだこともあって、例年よりむしろ良かったという先生方の声が東洋大学にもありました。もっと分析してみないとわかりませんが、やはりディストラクションが少ないというのはあったのかもしれません。例えば、北海道から本学に来るはずだった学生は親元にいて学業に専念できているようでした。授業外のディスカッションでも、東京に来てアルバイトをしながら、通学しながら、という状態で取り組むよりは、集中してできている面はあったかもしれません。一方で、そうしたディストラクションがあることで学びが深まる面もありますから複雑ですが。いずれにしても、芝浦

工業大学が3月に方向性をがっちり決めて取り組まれたというお話に比べると、自分は走りながら考えて取り組んだのは事実で、ややあたふたしていたことは否定できません。今後、受け入れも送り出しもパートナーシップの在り方も、戦略の立て直しをしなければいけない時期なのだと思います。

2020年から、私たちもようやくCOILに取り組み始めています。既存の大学ネットワーク基盤、UMAP[2]を使って私の授業で取り組みました。秋学期に、フィリピンのデラサール大学、マレーシアのマレーシア国民大学（UKM）と連携して「移民と外国人労働者」をテーマとした共同授業を実施しました。この授業のプラットフォームは、関西大学IIGEの池田佳子先生が中心となって開発されたImmerse U（Class 2 Class）というシステムを使いました。参加学生があらかじめ良く知り合えるように、自己紹介プロフィールやアイスブレイクなどを実施するシステム、ディスカッション用の掲示板なども何層にも整備されているので、グループワークもしやすいと感じました。

東洋大学ではWebExが基本的なシステムとして使われてきましたが、ブレイクアウトルームの使い勝手の面で、Zoomを使う教員も多いので、必ずしも統一されている訳ではありません。

友野　東洋大学の取り組みについて何かご質問はありますか。

太田　先ほど井上先生からも指摘されたように、本学でもICT系の支援スタッフが不足しています。これは日本の多くの大学が直面している問題だと思います。現状、ICTのスキル習得には、教員同士の教え合い、学び合いにかなり依存していて、非常勤講師のサポートも専任教員にかかっています。東洋大学はそのあたりどうですか。授業をオンラインで円滑におこなうためのICT系のサポートは十分に施されているのでしょうか。

芦沢　LMSに関しては、manabaをカスタマイズしたToyoNet-ACEが整備されています。LMSとしてはうまく機能していると思います。ですが、実際はオンラインのライブ授業をどう進めるか、という経験値が少なかったので、大学が提供するリソースに加えて、教員同士でワークショップを実施するなど、自主的な取り組みも多様にありました。例えば「自分は某大学の先生と知り合いなので、某大学の公開ワークショップに一緒に行かないか」「こ

のコンテンツの許諾をもらってきたからうちでも勉強しよう」などという感じに自発的にやっていました。学科は教員同士で、お互いに支え合ってという感じでやっていました。東洋大学の素晴らしい点は、ヘルプデスクがかなり機能しているので、夜に行っても相談に乗ってくれます。そこでトラブルシューティングには対応してもらい、あとは教員間でここをやろう、これを試してみよう、とディスカッションしながら進めてきました。

太田　私も自分のオンライン授業を良くするために、海外の好事例をインターネットで探したり、サバティカルでアメリカの大学に滞在している同僚にアドバイスをもらったりしていますが、海外の大学では ICT のサポートスタッフ（アシスタント）がしっかりしていて、日本の大学とは大きな差があります。アメリカの大学では、ティーチング・アンド・ラーニング・センターがあり、ICT 系の部署と連携して、オンラインでの授業をサポートしています。日本では国際基督教大学が、これと同じ仕組みを持っていますが、これもパンデミック以前からそのようなサポート体制を作っていたからこそ、コロナ禍でもすぐに対応できたようです。社会人を含め多様な学生に対して遠隔・生涯教育をおこなってきたイギリス、アメリカ、オーストラリアの大学に比べると、キャンパスでの対面授業中心だった日本の大学は、ICT の活用で大きく遅れをとっています。今後、対面授業とオンライン配信を同時におこなうハイフレックス授業をおこなうとなった場合、これをサポートスタッフなしでおこなうことは非常に難しいと思いますし、教育の質の低下につながると心配しています。

5.　共愛学園前橋国際大学はコロナ禍にどう対応したか

友野　ありがとうございました。次に前橋国際大学はどのように対応されたのか、村山先生お願いします。

村山　結論から言いますと、ミッショングローバル研修は 2020 年度は実施しませんでした。これには、後ろ向きの面と前向きの面があります。先ほども言いましたが、ミッショングローバル研修で学ばせたいことを分解すると

様々な要素があります。例えば、課題解決に取り組む力、全然知らない国で知らない人に対してインタビューする能動性や一歩踏み出す力、学んだ専門知識と課題解決をつなげる力などですが、これをコロナ禍では1つの研修だけで実施することはできないと判断し、ミッショングローバル研修の募集はしませんでした。また、そのままの内容をオンラインで代替するということもしませんでした。

しかし、そうした力を伸ばす場をいくつかに分割して、負荷の高くないプログラムを複数学べるような仕組みを作りました。コロナ禍になって、全部で10〜15くらいのプロジェクトを新規で走らせました。これは正課の科目も含まれていますし、課外のプロジェクトもあります。

例えば、全く知らない人に飛び込みインタビューをするような一歩踏み出す力は、他大学と共同したPBLを作りました。「CCP-6 (Consider Corona Project 6大学)」というプログラムで、関西国際大学、宮崎国際大学、本学など6大学の学生がオンラインで約1年間協働して、生活プロジェクト、授業・教育プロジェクト、経済活動プロジェクト、観光プロジェクトの4つに分かれてウィズコロナでの在り方を考えて発表する取り組みです。本学からは約20人が参加しました。

語学では、海外の大学とZoomを使って交流することをしました。これは「海外フィールドワーク」という授業の代替で、マレーシアのサラワク大学やプトラ大学の教員・学生とオンラインで講義を受け、グループワーク、グループディスカッションをしました。この事前学修を5月〜9月にかけておこない、オンラインでの活動10月〜12月に複数回実施しました。参加者約20名です。

他には、こんな取り組みもあります。大森昭生学長がコーディネーターを務める「学長PBL」です。新しい大学像を模索するPBLですが、最初は遠隔授業の在り方というテーマで、学長がテーマを学生にポンと投げて、学生たちが「前橋国際大学の遠隔授業はこうあるべきだ」ということを、半年強もかけてアンケートも取りながらディスカッションしてまとめました。

もう一つのテーマはウィズコロナの学生生活についてです。①前橋国際大

学らしい過ごし方はどんなものだろうということを考えるチーム、②またどういうイベントやオリエンテーションがあったら、新入生がコロナ禍でもより大学生として成長できるか、③地域の活性化について、本学が地域とコラボしていたことがコロナ禍でできなくなる中で、大学生が地域にどうやって関わっていったらいいか等を考えるチームが設けられました。前期はオンライン、後期はハイブリッドで実施し、成果を12月に学長・理事長に向けて提案するとともに、提案内容を大学運営に反映しました。1年生から4年生まで約50人が参加しました。

友野　様々なプログラムを組み合わせて代替するという考えはわかりましたが、1人の学生が全部のプログラムを学ぶのは難しいと思うのですが。

村山　ミッショングローバル研修も意欲のある学生のみが参加するプログラムでしたが、これらの代替のプログラムについても、結果としてチャレンジする学生はほとんどのプログラムに参加するという状態になりました。

友野　ミッショングローバル研修以外の海外プログラムについては、どうだったんですか。

村山　本学には中国に長期滞在するプログラムがありますが、それは国内からオンラインで代替をしました。もともと、海外ネイティブスピーカーとマンツーマンでオンラインで英会話レッスンをするというプログラムは、コロナ禍以前からありましたが、それも当然、続けました。

　それ以外にも、海外語学研修の代替として「British Hills 研修」を実施しました。福島県 British Hills は全て英語で話すことが原則ですが、ここに約1週間国内留学しました。合宿形式のため、出発前に全員に PCR 検査を実施するなど、感染症拡大防止策はできうる限りのことをしての開催でした。これの参加者は約40名です。

　それから日本にいらっしゃる外国籍の方とコミュニケーションを持つプログラムを走らせました。本学はキリスト教主義の大学ですが、他の宗教との相互理解を重視しています。そこで日本在住のムスリムの方とオンラインでつないで、あるいは学内に来ていただいて、対面でディスカッションをするプログラムを走らせました。これは科目から派生したオープンなプログラム

でした。半期の内、半分の7〜8回をこれに当てました。なので、全学的に海外に行くことは取りやめにしたのですが、授業そのものをクローズしたのはミッショングローバル研修だけでした。

友野 前橋国際大学に海外から来ている留学生についてはどうだったのですか。

村山 2020年度は交換留学生が来られなかったので、正規に入学している外国籍学生のみですが、全学生の数％弱になります。ただ日本国籍だけど、ご両親がブラジルなどの外国籍という学生はもっと多くいます。これらの学生については、インターナショナル・アット・ホームで交流するというよりは、国にも帰れずアルバイトもままならない状況になりましたので、学び続けられるようにする支援の方が重要になりました。

6. 九州大学はコロナ禍にどう対応したか

友野 九州大学のこの1年間の取り組みはどうですか。

深堀 九州大学には教員が2,100人、職員が2,300人いますので、人材の豊富さ、多様性の面では、かなり恵まれているのかもしれませんが、一方で、独立性の高い部局や事務組織の所掌を越えて、情報を共有して連携することに課題があったのではないかと思います。

　そうした中で、コロナとは無関係に、これまでに手掛けてきたことに助けられた場面がたくさんありました。例えば、本学では2013年度新入生からBYOD（Bring Your Own Device）というノートPCの学内持ち込みを必須化し、サーバーセキュリティ科目の必修化もおこなってきましたので、オンキャンパスなど、ネット環境が整った場所にいれば、学生も常にオンラインでつながることができる状態が整っていました。

　また、学修支援システム（LMS）については、以前より使用していたMoodleがコロナ禍において威力を発揮しました。これまでMoodleは必ずしも順調に普及していた訳ではありませんでしたが、春学期の全授業科目についてコース設定をおこなった結果、動画を含む教材の配布や課題の提出など、教

員と学生のコミュニケーション・ツールとして広く利用されることとなり、2021 年度に導入するシラバス新フォーマットでは Moodle 画面へのリンクがデフォルトで表示されるようになります。

コロナとは無関係に導入した証明書のコンビニ発行サービスにも、思いがけず救われました。コロナ禍において、新入生は大学に学生証を取りに来ることができなかったのですが、このサービスを利用することで履修登録に必要な情報を入手することができました。

部局の自律的判断、組織力、機動性にも救われました。オンライン・ツールについて、全学的には Microsoft Teams の使用が推奨されていますが、この方針決定と制度整備には一定の時間がかかってしまいました。その中で、国家試験に向けて過密なカリキュラムを進めなければならない馬出（まいだし）病院キャンパスでは、独自のシステムを導入して環境整備をし、授業を一切止めること無く、4 月 1 日より実施することができました。さらにその際、アジアの医療機関に対してオンラインによる医療教育を提供してきたアジア遠隔医療開発センターは、その技術とノウハウを病院キャンパスに対して開放し、オンライン化が難しい実験・実習系の授業科目の配信に対する技術支援をおこないました。

このように、大規模大学では、その豊富な資源によってすでに様々な基盤が整えられている場合がある一方で、それらを当初の目的とは異なる文脈においても機動力をもって活用するためには、組織間の情報共有と連携が不可欠であること。また、大規模大学では、大学全体としての方針決定と制度整備に一定の時間がかかってしまう一方で、豊富な人材によって多様な知識や技術が蓄積されているため、現場の自律的判断、組織力、機動性を信頼し、一定の柔軟性を保つことも重要であること。そうしたことを実感した一年でありました。

友野 広島大学の村澤先生、挙手されています、どうぞ。

村澤 先生方によって、個々の大学のコロナ対策が情報提供され、それをまとめて蓄積していくことは本当に重要だと感じました。特に私が強く関心を持ったのは、最後の深堀先生のお話です。こうした危機に面している状況で

は、やはりリアリティに直面している教員、専門の学部、研究科等が、必要に応じて即断即決をせざるを得ないのだ、ということが示された好例だと思います。私が冒頭から重要な点だと申し上げてきた、危機におけるガバナンスや意思決定の問題です。現在の日本の大学は、皆さんもご存知のように、文部科学省によって、国公私を問わず、トップダウンで大学を運営しろという方向に誘導されています。しかし、コロナクライシスによって、トップダウンのガバナンスが機能し難いことがわかってきました。特に深堀先生のお話の中で、九州大学の医学部が授業上の必要から大学本部には無断で Zoom と契約したとおっしゃいました。確かに医療系にとっては、コロナ禍だといって授業をストップする訳にはいかないので、全学の意思決定を待っていられず、こうした臨機応変な対応が必要になってくる訳です。しかし、現行の制度では学長に権限が集中しているので、こうした医学部の対応は、あくまで臨時的措置であり超法規的措置扱いになってしまいます。杓子定規に規程遵守を叫ぶ輩からは、「規程違反だ」と糾弾されるかもしれません。

　しかし、もし従来のように、ちゃんと教授会に意思決定の権限があれば、医学部の状況に合わせて医学部が責任を持って意思決定をしたとなり、何の問題もないはずです。現行のように、トップダウンを強化して上からの指示を待っていなくちゃいけないとなると、事態はどんどん悪い方向に進行していただろうと思います。そういう意味においては、大学の規模にもよると思いますが、特に研究大学のように多様な専門で構成されるところでは、こうしたコロナクライシスのような世界レベルの危機への対応を迫られたときに、ガバナンスがまさに問われるということをわれわれは経験したし、しっかりこの状況を振り返っておかねばならない。今の政府が主張する、学長を中心としたリーダーシップの発揮という方向性を、コロナ禍を契機として問い直す必要があるのではないか。こういう論点を是非皆さんにも考えて欲しいと思います。

友野　はい、ありがとうございます。ここで紹介された様々な事例から、読者にそれぞれつかみ取っていただくという方向にして、無理にまとめるということはしないでおきます。

7.　コロナ禍で世界や日本で他にどんな取り組みがおこなわれているか

友野　それではここまでのご意見を踏まえて、海外や国内で他にどのような取り組みが進められているのか、太田先生お願いします。

太田　コロナウイルスのパンデミックによる影響を受けて、物理的な移動を伴う国際教育交流が休止していることは、とても不幸なことですが、急速に広がっているバーチャル・エクスチェンジ（VE）やバーチャル・モビリティといったICTを活用した教育実践が国際教育に新たな可能性をもたらしています。パンデミック以前の国際教育は、学生の国際移動に過度に依存していたため、限られた学生（国際移動が可能な学生）を対象とせざるを得ない面がありました。しかし、ICTの利用で諸外国の大学と協働教育をおこなったり、相互に科目を開放したりすることが容易になり、環境に配慮しつつ低コストでより多くの学生を対象にインクルーシブ（包摂的）な国際教育が可能となってきています。また、ICTを使った国際教育について、新しいツールやメソッドの開発と試行が世界中で起こっており、先ほど紹介された芝浦工業大学の取り組みや手法は、国際教育における大学発の新しいビジネスとして市場を開拓できるのではないでしょうか。

　ICTを活用した国際教育ではコンテンツの共有が進んでおり、大学間で授業科目を相互に提供したり、共通のプラットフォーム上で授業科目を公開したりという事例が増えています。例えば、筑波大学は、パンデミック以前から海外協定校のキャンパスと相互にオンラインでつないで交流するために「Campus-in-Campus (CiC)」というプラットフォームを構想しており、その構想に加わる協定校が授業科目を提供し合い、加盟校の学生がオンラインで履修できる「科目ジュークボックス（CJ）」というシステムを構築していました。コロナ禍を受け、この科目ジュークボックスを通じて、オンライン授業やCOIL型の授業が提供されており、バーチャル・モビリティとして、協定校への学生派遣と協定校からの学生受入れの両方がオンラインで実施されています。また、国際的な大学コンソーシアムを活用したバーチャル・モビリティ

も進んでおり、加盟大学が提供する授業をオンラインで履修できる仕組みが構築されています。日本の大学が参画するコンソーシアムとしては、UMAP (University Mobility in Asia and the Pacific)、APRU (Association of Pacific Rim Universities)、AEARU (The Association of East Asian Research Universities) などがあります。さらに、MOOCs (Massive Open Online Courses) のようなオンライン教育プラットフォームや日本でいう放送大学のようなオープン・ユニバーシティと大学の連携も進んでいます。フランスが拠点の Open Classrooms は個別指導つきのオンライン授業を無料開放し、1,200 の高等教育機関と 12 万人の学生が利用しています。イギリスの FutureLearn は、スキル習得型科目が売りで、オンライン科目を無制限で大学に提供しています。アメリカの Coursera も全ての科目を世界に無料開放しています。Open Classrooms と FutureLearn は大学教員向けにオンライン授業のトレーニングも提供しています。日本では、成蹊大学がサイバー大学と連携しており、サイバー大学が提供するクラウド型 e ラーニング・プラットフォームを活用することで、教室での授業と組み合わせたブレンディッド・ラーニングを実現しています。

　このような事例が進展すると、今後、大学の教育リソースは ICT を介して国境を跨いで共有されるようになると思います。ただし、そのような国際的に共有される大学の教育コンテンツは英語が基準になるので、日本の大学にとっては教職員・学生ともに英語力を向上させる必要があります。システムとしてオープンであっても英語力の壁に阻まれるのは非常に残念なことです。アジア諸国でも英語による大学教育が広がっている中、日本がそれに取り残されることのないように手を打つ必要があります。

8.　UMAP と COIL の取り組みについて

友野　アフターコロナでの海外留学の在り方を考えていくときに、UMAP や COIL も非常に大きなテーマになると思いますので、ここで芦沢先生からそもそも UMAP とは、COIL とは、ということをご紹介いただけますか。

芦沢　まず、コロナ禍の中で教育交流の在り方をどう変えていくか、を議論

するため、様々なソーシャルメディアを使って教職員で意見交換をする場ができました。私たちが研究目的で立ち上げた NPO、RECSIE[3] でも、大学の垣根を超えた情報交換や議論を深めるため、全部で 7 回にわたってウェビナーを開催しました。特に後半の 3 回は UMAP など海外の大学ネットワーク関係者にも呼びかけて、相互に現状把握をしたり、新たな取り組みを共有しました。このディスカッションには、太田さんにも関わっていただきましたが、コロナ禍の中でどういう教育の機会を提供しうるか、オルタナティブな教育のプラットフォームをどうするかという議論を国際的な専門家と意見交換できたことは大きな成果でした。その結果を 2020 年 9 月 2 日から 4 日に実施された国際教育夏季研究大会 (SIIEJ[4]) で公表し、多くの取り組み事例を紹介しました。この大会は 2020 年で 3 回目でしたが全体で 650 名の参加があり、しかもアジアからも 100 人近い方が参加してくれました。

　こうしたディスカッションを通じて、UMAP などを基盤に基本的には 4 つのプログラムを推奨していこうということが議論されてきました。1 つ目は Cross Registration、これは既存の科目をオンラインで相互履修していこうというものです。

　2 つ目は Online Joint Classroom。これは教員同士の共同教育をオンラインでおこなっていくもので COIL が典型的な例になりますね。

　3 つ目の Hybrid International Program は、オンラインと対面での教育交流を組み合わせてハイブリッドで取り組もうとするものです。実はこれは 2020 年は全くできませんでした。というのは、対面での教育交流や研修を組み合わせようとしても、誰かが移動すると、そこで 2 週間の隔離を義務づけられてしまうからです。しかし、コロナ禍が一定程度落ち着いた次のフェーズで、これはやはり重要になってくると思います。どうしてもオンラインだけでは補完できないことがあります。肌で感じるものや、一緒に体験することでしか味わえないものがありますから。一緒にご飯を食べるなどもそうですが、その点からもオンラインと対面を組み合わせてハイブリッド型教育交流は最終的には必要になってきます。

　先ほど、太田さんもおっしゃっていましたが、もともと「お試し留学」と

して取り組まれていた、行くことが主目的な短期研修を見直して、今後は実質的な学びを深める取り組みを強化する必要があると思います。深堀先生がおっしゃるように、学修成果の質的展開という観点から、ハイブリッドのプログラムを質的にどう開拓していくか、というのが課題になってくると思います。端的に言うと「Low Cost」かつ「Low Risk」による実質的な学びの推進につながるでしょう。短いからリスクは比較的少なく、なおかつコストも抑えてできる国際教育プログラムの在り方をこれから模索していかなければいけないと思うのです。

4つ目の Online Joint program ですが、国際学生会議のようなものをオンラインでやっていこうというものです。例として、これも今 UMAP を基盤に実施しているオンライン模擬国連があります。これまでの模擬国連の実施形態の中で、国際学生会議というかたちで実施しようとすると、世界中から一か所に学生を集めてディベートをすることになるので、とんでもないコストがかかるものでした。しかし、オンライン会議室を使えば実質、移動や会議場経費はほとんどかからないでできてしまいますし、オンラインでも遜色ない取り組みができる訳です。ディスカッションも事前の準備の中でしっかりと積み上げていけば、むしろ質の高いものができます。これは本当にすばらしいので、後でまた説明します。

UMAP（University Mobility in Asia and the Pacific）についてはご説明することもないと思いますが、30年の歴史を持つ国際教育コンソーシアムです。1991年の創設時には、アジア版エラスムスを目指して、オーストラリア政府が中心となり、キャンベラで設立総会が開かれました。日本、米国、カナダ、韓国、フィリピン、タイ、マレーシアなど、政府関係者、大学リーダーが中心となって、コンソーシアムによる学生交流を推進しようという構想に基づき、組織がスタートしました。ここにいらっしゃる井上先生の芝浦工業大学は UMAP をうまく活用していただいている大学の一つです。

2016年から5年間にわたり、東洋大学が、文部科学省や各大学連盟などの支援を受けつつ、国際事務局を引き受けてきました。実は、UMAP では設立当初の各国政府の呼びかけにかかわらず、英語圏の大学は事実上、ほとん

ど参加してこなかったのです。しかし、われわれの呼びかけによって、2018年から2019年にかけてアメリカ、カナダ、オーストラリアの大学が相次いで正式参加をするに至りました。これらの3カ国でUMAP事務局が立ち上がり、2020年の1月段階では「これでUMAPもやっと軌道に乗るぞ」と、意気込んだ矢先にコロナ禍で物理的な学生交流が完全に停止してしまいました。国際事務局の任期は5年なのですが、私たち事務局最後の年、2020年は全体としては活動が沈滞してしまいました。とても残念です。一方で、オンラインによる取り組みも進展したので、良い面ももちろんあったのですが。

　さて、UMAP国際事務局は、2021年1月からはカナダに移りました。1991年の設立以来、初めてUMAP国際事務局が太平洋を越え、北米の機関が国際事務局を引き受けてくれた訳です。カナダの連邦政府がUMAPのために5年間の補助金を拠出してくれたことも大きいと思います。

　コロナ禍で、まずUMAPが取り組んできたのは、オンラインによる相互履修(UMAP Exchange Online)で、これは2020年秋学期で、8カ国18大学から76コースが登録しました。オンライン模擬国連も2020年8月に1回目をおこない、2021年3月27日・28日に第2回をUMAPと東洋大学が協力して実施します。

　次はCOIL(Collaborative Online International Learning)です。COILは実はコロナ禍で始まったのではなくて、すでに10数年にわたって米国のニューヨーク州立大学などが提唱してきた教育交流モデルです。日本でも関西大学などを中心に取り組まれてきましたが、2018年「大学の世界展開力強化事業」でCOILが助成対象になったことをきっかけに一気に多くの大学で取り組みが始まりました。一方、米国でもAmerican Council on Education(ACE)などの助成金により支援されているCOILプログラムも展開されてきました。2020年からはコロナ禍の影響もあり、ますますCOILを取り組もうとする大学が増えています。この2週間だけでも私のところに、バンクーバーとテキサスの大学からCOILを一緒にやりませんか、というお誘いのメールが来ました。今まさに、多くの大学関係者が、自分の大学や授業に合ったCOILパートナーを探しているという段階です。自分たちのプログラムをどう適合させていく

かというのが課題となっています。

　また、現在、関西大学の池田佳子先生と私たちで急ピッチです準備を進めているプログラムの一つに、UMAP-COIL AP（Advanced Placement）というプログラムがあります。ご存知のように、AP プログラムは高校生が大学レベルの授業を履修し、大学入学後に単位認定を受けるというプログラムで、もともとは米国のカレッジボードが認定しているものです。今回提案しているオンラインによる UMAP-COIL AP は、カレッジボードと提携しながら、関西大学と UMAP が協力してアジア太平洋地域の高校生のためにオンラインで AP コースを提供しようとするものです。それを受講した高校生は、のちに大学に入学したら単位として認定されるようになると思います。

　現在でも、アジア太平洋地域のインターナショナルスクールなどで、AP コースというのは数多く取り組まれています。優秀な高校生ですと、高校時代に複数科目の AP の認定を受けアメリカの大学で単位認定を受けられる上、3 年で卒業することも可能です。その分授業料を払わなくて済むので保護者にとってはありがたい話ですね。この AP プログラムを今回オンラインで展開することになりました。ただ、AP には最終試験があり、それは現状はオンラインではできないので UMAP のネットワークを使って各国にテストセンターを設置することを企画しています。

友野　アフターコロナでは、こうしたコンソーシアムを活用した国際教育が加速していくという認識でいいでしょうか。

芦沢　そうですね。ちょっとコンソーシアムについて、言い忘れましたが、大学によっては異なる教育交流コンソーシアムに参加していらっしゃると思います。ただ UMAP の特長は、全ての大学に門戸を開いている点です。他のコンソーシアムはインビテーションオンリーで、選ばれた大学しか参加できない構造になっています。ですので、そこが UMAP が他のコンソーシアムと違うところですね。

9. アフターコロナ、ビヨンドコロナの海外留学・国際教育を どうしていくべきか

友野　先ほどから、もともとやっていたことがさらに問われてくるというお話が出ています。海外留学プログラムの設計において、ただ行くだけではなく事前学習との組み合わせ、あるいはカリキュラムの中に組み込まれた海外留学プログラムが、ますますアフターコロナにおいて、コロナを経験したが故にさらに重要になってくるんではないか、というのこの書籍のテーマでもありますが、そのあたりについてこれまでの話を踏まえて、各先生からご意見をいただきたいと思います。まずは井上先生からいかがでしょうか。

井上　アフターコロナの国際連携教育でも、やはり学生が自律的な学習者になることが重要だとつくづく感じます。やはり自分自身で目標を設定して学び続けられる人材を育成するのは大事だなというのがまず一つあります。

　それから国際連携教育を含めて事前学習が重要だと思いますが、対面とオンラインをどうやってうまく組み合わせるのかという点で、学生個々の学習とディスカッションをしっかり組み合わせた仕組みづくりをすることがとても重要だということです。オンラインを使って学修の履歴が残り、それをリアルタイムで分析してリアルタイムでアセスメントし、リフレクションできる仕組みを試行しています。これを使うと学修の成果を上げられるのではないかと考えています。

　それから、教員の役割が2つに集約されていきます。一つが、オンデマンドのコンテンツの作成です。教員が連携して世界に通用するものを作ろうということです。もう一つが対面授業でのファシリテーションです。この両方が教員の役割であって、目の前の学生に一方的な講義をするというのは、もう教員の役割ではないという認識をしています。

　また、テクノロジーを使うと国際連携がしやすくなります。以下の2つが重要です。第1に目の前にいる自分の学生と、遠隔にいる社会人とか海外の学生の両方に対し、COIL的な授業をどう効果的に実施するのかという課題。第2にやはりブレンディッドでオンラインの授業と対面の授業の両方を学生

が経験するという仕組みの新しい授業をどう作るかという課題です。

　それに関連してですが、日本工学教育協会の国際交流のとりまとめを担当していることがきっかけで、ヨーロッパの動きで非常にいい動きをしている事例に出会いました。「ブレンディッド教育のための国際欧州成熟度モデル」というものを、2020 年の 5 月に EU が出しています。これは EU の Erasmus+ プロジェクトの中で 3 年間取り組んだ結果がちょうどタイミングよく出たものです。ブレンディッド教育の 3 階層モデルということで、科目レベル、教育プログラムレベル、機関レベルの成熟度をモデル化しています。これは今後すごく参考になるのではないかと思いますのでここで紹介します。

　まず、科目レベルに関しては、対面とオンラインを組み合わせたかたちのコースデザインをどう意図的におこなうのか、どういったフレキシビリティを持たせるのか、学習者とコンテンツのインタラクションをどうするかなどの、科目レベルの成熟度を 3 レベルに定義しています。次に、教育プログラムレベルに関する成熟度モデル、そして最後に大学の機関レベルの成熟度モデルです。機関レベルの成熟度には先ほどから話されている機関として継続的にブレンディッド・ラーニングを改善するような仕組みができているか、ベストプラクティスが共有される仕組みができているか、体系的な研修や専門スタッフが尊重されているかなどのルールが決められて、それが継続的にレビューされて改善されているか、といった仕組みができています。

　各指標の成熟度は 3 段階で定義されています。あまり検討されていなければ一番下のレベル、その上は一応設計されているといったレベル。一番上のレベルは設計された上で、継続的な PDCA サイクルを回していているレベルです。こういう仕組みが EU で第 1 版ができていて、これが今後継続的に見直されて、さらに良くなっていくんじゃないかと思います。これは EU の取り組みの一つとして注目できると思います。ちなみに、欧州工学教育協会の 2021 年度の大会メインテーマは「ブレンディッド教育」です。

友野　先ほど深堀先生は、カリキュラムの中に組み込まれた海外プログラムの重要性が今後も増してくるとおっしゃっていましたが、事前学習やカリキュラムへの組み込みがアフターコロナではどうなっていくのか、について

お話いただけますか。

深堀　カリキュラムの中に留学を組み込んでいかなければいけないということはそのとおりだと思いますが、一方でモジュールの互換性を強調しすぎることに対して危機感も持っています。先ほど井上先生が日本工学教育協会のお話をされましたし、芦沢先生も太田先生も同じようにおっしゃっていたのですが、今後は教育の切り売りが始まります。モジュールを共同開発し、コースシェアする動きが始まります。それをいかにカリキュラムの中に構造的に位置づけるかという問いが、大学教育の質保証の観点から大学に突きつけられることになる訳ですが、より大きな話として、「大学とは何か」という議論を今後深めていく必要があると考えます。オンライン教育が普及して、その成果をクリデンシャルとして利用できるようになってくると、高い授業料を払って大学で学ぶことは意義は何か、という議論が必ず高まってくるからです。

　大学が重く受け止めなければならないのは、次の点ではないでしょうか。大学にしかできないことは、124単位のパッケージとして、完全なかたちで教育を提供していくことです。それには、カリキュラムのデザインが決定的に重要ですが、加えて、大学の付加価値も重要です。キャンパスに多様な人が集い、対話をし、思考を広く深く発展させ、帰属感をもって仲間になることの意義を中心に据えて、大学教育をどのようにデザインしていくのか。大学の付加価値をどのようにより豊かにしていくのか。この議論を深めていかなければなりません。

　大学の構成員である教員は、大学を切り売りする側に回るのではなく、大学という組織の価値を高めていく側に立って協働していかなければ、大学は魅力的なモジュールを提供する多数の教育産業によって取って代わられるかもしれません。教育産業の方々は、大学を切り売りする側に回るのではなく、大学という組織をもっと豊かにしていく側に参画して、一緒に取り組んでいただきたい。そう願うのが、今、私がアフターコロナに向けて思うことです。先ほど村澤先生がガバナンスについて強調されました。確かに大学リーダーシップの役割は、ガバナンスではなくなってきているかもしれません。大学

の機能がこれだけ複雑化してくると、トップダウンの管理ではなく、現場に権限を委譲することによる柔軟性と機動力が重要になります。

　その際に、決定的に重要なのはリーダーシップです。大学の付加価値を高めていくためには、その大学が他の大学とは異なるどのような価値を提供するのか、どのようなビジョンを持っているのかを明らかにし、わかりやすく説明できなければなりません。その大きなビジョンのもとに、様々な組織が有機的に連関しながら臨機応変に対応することで、価値が実現されるからです。ビジョンがなければ動きはバラバラになってしまい、トータルなかたちでの価値は達成されません。芝浦工業大学は、ビジョンを示すことで現場をマネージしてこられたのではないでしょうか。バーチャル化が進むからこそ、ビジョンを示すリーダーシップが一層重要になってくるし、構成員の一人ひとりがそのビジョンを大切にしながら臨機応変に対応してこそ大学の価値が生成され、更新されていくのではないかと考えます。

友野　ありがとうございます。次に村澤先生、お願いします。

村澤　先生方のお話を聞いていて、コロナ禍の厳しい中でも常に前を向かれていると感じ、改めて自分の後ろ向きな姿勢を問い直す必要があったな、と感じました (笑)。こういう議論をするときはまずは内省だな、ということを痛感しました。

　ただし、何度も繰り返しますが、先生方は国際化をすることがある程度所与のものとして議論されているけれど、私はそこに対しても内省をすべきではないかなという気がします。今回の世界レベルの危機は、「コロナ」という病災害ですが、世界レベルのクライシスは、他にも考えられます。今後世界が緊張していく中で、場合によっては戦争、戦時下、戦争に近い状態になったときにも、このようなクライシスが起こりえます。そのときも同じように世界は分断される可能性があるのですが、分断されたときに、それまでに依存していた国際的な枠組みや制度が、逆にリスクやマイナスとしてわれわれに降ってかかってくる。今の世界はそのリスクやクライシスにおいて生じるマイナスのことを全く想定していないからこそ、今回のように大混乱が生じていると思います。改めて、高等教育以外で論じられている国際化論にも目

を向けて、国際化することを所与のものとするのではなく、「国際化」の是非を論じていただきたいですし、以前私の"数少ない"編著の中でも触れたこと——国際化は手段であって、それ自体が目的では無い——ことを真摯に再考していただきたいと思います。

　次に、私が大学の現場で気になっているのは、コロナクライシスに関する受け止めがバラバラなことです。一方に楽観主義者がおり、他方で悲観主義者がいる。コロナという危機に関して、この問題に真剣に自他ともに何とかしようと他律的犠牲的な行動をとっているというよりも、多くの場合は機会主義的（利己的）な印象を受けます。自分に都合のいい行動をとり過ぎている。例えばコロナの悲観派は、家にこもる口実を作っている（笑）。「オンラインでしか授業ができない！」と言いつつ、実のところは、学生の負担を無視して、課題を一方的に与えて自学自習させていたりしています。他方でコロナの楽観派は、対面の授業の重要性をやたらと強調する。実のところは、授業を対面でやることを越えて、対面で集うことを正当化することによって、自分の好きな若い学生と接触したい、学生と授業の後の飲み会をおこなうことを正当化するなど、目も当てられないことをやってしまう人があちこちにいます。そういった機会主義的な人がたくさん発生してしまっています。このような問題に対して、学者集団なのだからコロナに関する根拠の薄い持論を正当化するのではなく、現段階で判明している（科学的）根拠を基に、命の確保を最優先することを念頭にした、大学の活動を考えていくべきでしょう。

　こうした活動を支えるのは、ウイズコロナ、ビフォアコロナ、アフターコロナそれぞれの状況において、定点観測を通じた「データ」を絶え間なく取って分析をしていくことではないか、と思います。言い換えれば、最近やたらと喧伝されている（笑）IR（Institutional Research）機能との連携が必要ではないか、と。現在、注目度が高まっている因果推論の観点からも、コロナのビフォアとアフターとの間に、大きな不連続面が生じ得るので、コロナの前、コロナの後の比較を丁寧にしていくために、IR を今こそ機能させるべきでしょう。ただし、あくまでも緊急の最優先事項は何かということを念頭にすべきであり、データを採取することを優先して目の前の学生、危機に陥っている学生

を放置することは許されません。常に優先順位を考えながらデータを採取していくべきでしょう。

　ここで、IR を始めとしたデータを採取することの、根源的な問題も考えなければなりません。要するに、データを取って分析するというのは後手の対応なのです。その意味において、IR に過度な期待はしないということも意識しつつ、コロナの前後のデータ、教職員の活動も併せて、丁寧なデータ取得をしていく必要がある。こうした活動に期待感があるとすれば、井上先生の様々な取り組みに見られますように、IoT との連携でしょう。IoT を積極的に活用することによって、学生の状況把握が昔に比べてリアルタイムに近いかたちでデータを取得できる可能性がすでに広がっています。そのデータに基づいて、深堀先生が強調されていらしたような、ガバナンスとリーダーシップに資するための適切なデータが提供されることにより、これらデータが根拠になって、適切かつ素早い意思決定が可能になってくるのではないかと。

　そうすると、政府に言われたから IR を整えましたよ、ということではなくて、こんな状況だからこそ、まさに大学にとって必要な IR を構築する機会にもなってきたのではないかと感じます。

友野　村山先生はいかがですか。

村山　国際教育や国際観が変化していく中で、では本学の輩出する人材はどういう人だろう、それに向けた教育とは何だろう、ということを今まさに大学として考えている最中です。具体的には、現在、大きなカリキュラム改編をしています。そこでカリキュラムの中身をガラッと変えようとしています。その方向性を決めたのはコロナでした。先ほど井上先生も言われていましたが、取りあえず留学させよう、というのではなく、留学させるのなら何を目的にするのか、それが DP や本学が育成すべき人材像とどうかかわるのかを、ゼロから考えていこうということです。

　われわれのミッションは地元である群馬に還元できる人材の育成です。これは個人的な考えですが、アメリカやタイの現地のことに詳しいというだけでは、それはわれわれが目指す国際教育ではないだろうと思っています。ア

メリカを知るという学び方はタイでもオーストラリアでも役立つ。学んだ結果よりも学ぶプロセスを重視する教育に転換するということです。アメリカやタイのプロフェッショナルになっても、群馬県の企業に就職してそこが取引しているのがベトナムだったとしたら使えない、というのではダメな訳です。タイのことを学べた訳だから、そのプロセスを使ってベトナムのことを容易に学べる。そうするとそこで役立つ人材になります。

　文化的背景の違いを理解した上で、様々なところに展開できる、専門家の力も借りられる、そんな人材こそ本学が育成する人材像だと思っています。もちろん、本学は「飛び立たないグローバル」を標榜していて、これまでもそうした方向性を目指してきた訳ですが、カリキュラム改編でそこをさらに明確に打ち出し、教員全体で共有できる機会にしようと考えているところです。

10. 座談会の終わりに

友野　太田先生、今日の議論を通じていかがでしょうか。

太田　コロナ禍で国際教育交流や海外留学の意義が改めて問われています。ひいては高等教育そのもの、あるいは大学の在り方が問い直されていると言えるでしょう。留学は外国の大学で授業を受けるだけでなく、そこでの生活や多様な人々との交流を通じて、言語、価値観、社会、歴史などを経験から学んだり、日常生活に溶け込んでいくことで異文化理解を体現したりすることを可能にします。留学の意義は、新しい言語や文化に適応する過程を通じて、自己発見をしたり、価値観や態度の形成を育んだりしながら、留学先の視点から自国と世界を見ることで異文化理解力を身につけることと言えるでしょう。このような留学の普遍的な価値は今後も変わらないと思います。

　日本では、2000 年代以降、留学の形態と目的が個人による長期・学位取得型から政府や大学の支援による短期・単位取得型へシフトしました。それに合わせて学位、専門知識、スキルなど長期留学で得られる成果より、非日常的体験を通して人生や価値観が変わる気づきやきっかけというような短期

留学の効果が重視されるようになりました。しかし、コロナ禍でICTを活用した国際教育交流が広がったことにより、ポストコロナでは外国に行くことが目的化したような短期留学は再検討を迫られ、海外留学者数の増加を競うような風潮は戒められるでしょう。改めて留学の意義が問い直され、大学は留学プログラムの再構築を求められることになると思います。

　例えば、語学研修を目的とした短期留学は大きく減少すると思います。これは、語学教育自体が大きく変わる可能性があるからです。従来の必修科目として、一つの教室で集団的に語学を学ぶことが見直され、スキル系の語学科目はICTを活用し、個々のレベルに合わせた個別最適化したものになっていくでしょう。

　コロナ禍への緊急対応として広がったICTを活用した取り組みを、その場しのぎのものとして終わらせず、国際教育交流におけるDX（デジタル・トランスフォーメーション）と位置づけ、新たな価値を生み出す契機としてとらえることが重要でしょう。パンデミック以前の国際教育は、国境を基準として実施場所により海外留学のような「外なる国際化（Internationalization abroad）」と学内の留学生や地域の外国人と学ぶ「内なる国際化」の区別が明確であり、かつ前者が優勢でしたが、多くのオンライン国際教育が実践されることで2つの境目が曖昧になっており、結果として内なる国際化の領域が広がっています。

　例えば、東北大学がおこなっている国際共修活動は、キャンパスの授業内外で留学生と日本人学生など文化的背景の異なる者同士がともに学ぶ機会を提供してきましたが、現在は海外在住の学生もオンラインで参加するかたちを取っており、国際移動を伴わない点から内なる国際化が進化していると言えます。つまり、ICTの利用で諸外国の大学と協働教育をおこなったり、相互に科目を開放したりすることが容易になり、環境に配慮しつつ低コストでより多くの学生を対象とした包摂的な国際教育が可能となってきています。これにより、繰り返しますが、時間もコストもかかる海外留学の意義が改めて問い直されるでしょう。短期留学から長期留学へのシフトが起こるかもしれませんし、短期留学はインターンシップのような現場での体験学習型に特

化していくかもしれません。

　また、ICT を活用した国際教育交流が増える中で、留学による認知能力の習得はオンライン教育で代替可能なのか、非認知能力の場合はどうなのか、異文化体験・理解は外国の大学と連携したオンライン教育および学内や地域との連携（内なる国際化）でどこまで可能かといったことが、今以上に議論されることになるでしょう。加えて、ICT による国際教育交流が普及した場合、より多くの学生を取り込むことが可能になることで、従来の海外留学に参加できるような特定の学生をターゲットにグローバル人材を養成するという志向から、大多数の学生を対象にグローバル市民を育成するという志向に国際教育が変化するのかにも注目したいと思います。

　いずれにせよ、ニューノーマルへの対応には、これまでとは異なるアプローチと新しい高等教育の様相が求められます。ポストコロナにおける大学の国際化について、どのような新機軸を打ち出せるかが、その国の高等教育の評価と魅力に大きな影響を与えるでしょう。

友野　それでは次に芦沢先生いかがでしょうか。

芦沢　今はまさに、大学教育そのものの価値が問われているという状況だと思います。日本は結局、まだ国内のモビリティがすごく低い。要するに大学1年生で入学したら、同じ学科学部にずっといなきゃいけないといったように大学内でのモビリティもないし、よその大学に移る学生はほとんどいない状況です。国際的モビリティどころか国内モビリティも低いというのは問題だと思います。

　それで東京規約[5]の話をします。東京規約というのはユネスコが管轄する国際条約なのですが、学生や職業人材が国境を越えて動くことにあたって、学歴や資格を認証するシステムや枠組みを取り決めています。例えば、Partial Learning と言われる部分的な学習や、ホームスクールなど非伝統的な学習履歴なども、きちんと認証されなければならない、としています。それは、今までの日本に欠けていた問題意識ですね。例えば、海外の大学を2年で中退してきた人が留学を志望した場合には、多くの日本の大学は、国際編入としては受け入れず、「1年生からもう一度やり直してください」という対

応をしますね。これは東京規約の考え方に適合しません。

　東京規約には学歴を証明する書類を持っていない難民についても、できるだけ調査をして学歴を認証するように規定しています。ヨーロッパには東京規約と同じようにリスボン協定という取り組みがありますが、欧州の主要国では書類を持たない難民の場合でも基本的に受入国で調査をして、可能な限り認定をしています。こうした部分的な修学、非伝統的な学修歴の認定が発展していくと、マイクロ・クレデンシャルというかたちで、様々な学修履歴は認定されるようになるでしょう。それらが電子化され、デジタルバッチというかたちで国際的に通用するようになってきており、日本でもこれに対応したインフラが必要になってきています。学修歴の電子化は、国際的な教育交流を促進するためにも不可欠なプロセスになっています。新しいタイプの国際共同学習、オンライン教育交流を進めるためにも電子化は有効です。

　最後に、私がコロナ禍において注目するポイントの一つとして、皆さんが今までお話になったアクセスビリティの問題があります。もともと国際教育に参加することは様々なコストがかかることから、経済的にも時間的にも恵まれた人しか参加できない、という問題がありました。コロナ禍により、国際教育プログラムに参加できる学生層が広がった点は素晴らしいことですし、参加しやすくなったというポジティブな側面をどう活かしていくか、ということを考えていければと思っています。

友野　では次に井上先生お願いします。

井上　先ほど深堀先生がおっしゃった「大学の質と在り方」が問われているというのは全くそのとおりで同感です。アフターコロナに対して大学がどういうビジョンを出すかということと、リーダーシップがすごく重要だと思います。それから大きな変革の時代なので、誰か一人が決めてトップダウンというのは基本的にはもう無理ですので、それぞれの部署が創造力を発揮して新しい取り組みをして、それを共有していく仕組みを一つの大学の中だけでなく、大学を越えてやっていくことがすごく大事なんじゃないかと思います。

　それからエビデンスベースで、科学的にエビデンスに基づいた改善というのはすごく重要なので、それに関しては今はデータが取りやすくなっている

という状況があります。データを取って、それの分析はしばらくしてからではなく、その場でリアルタイムに分析してリアルタイムでリフレクションという仕組みを作ると、その場で学生にも共有できますし、教員にも反映できますし、教育改善にも使える。いかにして実時間で測ってそれをエビデンスベースで改善していく仕組みを作るのかが、重要なんじゃないかと思います。

　それから、大学としての価値を問われているという点では、やはり元に戻るのではなく、デジタルとオンラインを活用した上で対面でのコミュニケーション、世界の地域での現場のリアルな体験と人とのコミュニケーションを重視するという、どちらかではなく両方とも取ることが大切だと思います。

　それから、学生が一つの大学にずっと留まるという制約がこれからは無くなります。大学教育の切り売りではなく、大学間でうまく連携したかたちで、教育を進める必要が出てきます。一方で、学位を取得するために、学生は最終的には一つの大学の卒業生になるのでしょうから、その中でいかに卒業する大学にロイヤリティを持つことができるのかという難しい舵取りになると思っています。

友野　次に村山先生お願いします。

村山　私はアフターコロナでは、大学色がより強くなっていくといいなと思っています。今までは対面で教育の自由度があったので、この大学のここが良いというようなことをある程度取り入れられましたが、コロナ禍でのオンラインでの国際教育は海外の大学とのつながりや人脈など、大学が独自に持っている資源を最大限に活かすことが求められました。その延長に、うちの大学じゃないとこれはできないというプログラムが生まれてくるのではないかと思います。

　海外留学に行かせるだけだったらどこの大学でもできるけれど、海外でこういう学びができるのは○○大学だけ、だからそこに行きたい、というようになっていくべきで、大学の独自色が強くなると、高校生たちが進路を考えるときにより具体的にアプローチでき、ミスマッチが減るような社会に変わっていくのではないでしょうか。

　前橋国際大学はもともと独自路線なのですが、先生方の今日の話を聴いて

48

いて、この大学は確かにここは凄いけれど、前橋国際大学もここがすごいぞという大学にしていく必要がますますあると感じました。

友野　では深堀先生お願いします。

深堀　大学の価値は何かを考えるとき、企業とどう違うのかを考えてみます。大学は知識の継承・創出・普及の役割を担う機関であり、人材育成を中核機能とする組織です。それに対して企業とは、社会の需要に応える商品やサービスを供給するという経済活動を中核機能とする組織です。こうした企業の統合報告書を読むと、一般に、目標設定の時間軸において、長期目標は10年に設定されています。ところが、大学にとって10年は短期目標で、50年、100年先の社会を構想しながら教育と研究に取り組んでいる訳です。

　一方で、オンライン化によって、学びの時間と空間の自由化が進みました。おそらく、もうそれを止めたり、元に戻したりすることはできません。留学も、オンライン化によってもたらされたこの時間と空間の自由化の文脈の中で、各大学がいかなるビジョンとリーダーシップのもとに、どのように特色あるプログラムをデザインしていくのかが問われています。

　このように考えると、オンライン化によって様変わりした留学のありようは、より長期的な時間軸における大学教育のありようや組織運営のありようを切り取り、象徴しているのかもしれません。本日は、大変刺激的なお話をたくさんお伺いしました。ありがとうございました。

友野　不手際な司会にもかかわらず非常に深い論点や広い視点をお話いただきまして、本当にありがとうございました。

(終わり)

注

1　COIL（Collaborative Online International Learning：オンライン国際交流学習）は、ICT を用いてオンラインで海外大学との教育交流を進める手法で、新たな国際交流の形態として発展してきた。既存の授業科目や留学プログラムをより充実させる手段としても活用されている。2004 年にニューヨーク州立大学（SUNY）において COIL 事業を立ち上げたことを起点として世界中で取り組まれるようになった。日本でも、2018 年度に世界展開力強化事業（文部科学省）に COIL を活用し

た交流事業が指定されるなどにより、多くの大学で COIL 型の教育交流が実践されている。COIL 教育の発展と質の向上を目的として、関西大学グローバル教育イノベーション推進機構（IIGE）を基盤に、JPN-COIL 協議会が発足しており、31 大学が参加している（2021 年 4 月現在）。

2　UMAP（University Mobility in Asia and the Pacific：アジア太平洋大学交流機構）は、1991 年に発足した国際教育交流のためのコンソーシアム。高等教育分野における政府、または非政府の代表からなる任意団体であり、アジア太平洋地域における高等教育機関間の学生・教職員の交流促進を目的としている。2020 年 4 月現在、22 の国または地域が参加しており、200 以上の大学が実質的な交流に参画している。　https://umap.org/

3　RECSIE（国際教育研究コンソーシアム）は、2014 年 1 月に設立された非営利団体で、高等教育の国際化に貢献し、個々の大学の枠を超えた研究課題の取り組みを推進することを目的としている。また、学修歴証明書の電子化の取り組みでも、フローニンゲン宣言という国際フレームワークに日本から唯一参加しており、証明書発行システムを日本の大学に紹介する役割を果たしている。　http://recsie.or.jp/

　国際教育交流を担当する教職員が相互に学びあう場として、国際教育夏季研究大会（SIIEJ）を毎年開催している。　https://siiej.org/

4　SIIEJ（国際教育夏季研究大会）は、2018 年から毎年夏に開催されている国際教育にかかわる実践的な研究大会（主催：RECSIE）。主として大学の国際教育交流にかかわる教職員を対象に、研究力・職能開発を目的として、国内外の専門家を交えたワークショップ、セッションを実施している。また、国際教育にかかわるプロの集団として、大学の垣根を超えたネットワーク形成を目指している。2021 年から文部科学省の後援対象となっている。

5　東京規約は、ユネスコによる国際条約の一つで、正式名称は「高等教育の資格の承認に関するアジア太平洋地域規約」である。アジア太平洋地域において、締約国間が相互に高等教育資格を承認・評定する枠組みを整えることにより、国際的な学生及び研究者の流動性の促進を目的としており、2018 年に発効した。2021 年 2 月現在、日本を含む 11 カ国が締約国として参加している。東京規約に基づく日本公式の国内情報センター（NIC）として、高等教育資格の円滑な承認に資する教育情報を提供する。独立行政法人大学改革支援・学位授与機構（NIAD-QE）内に「高等教育資格承認情報センター（NIC-Japan）」を設置されている。https://www.nicjp.niad.ac.jp

序　章

河合塾 教育研究開発部 大学教育調査プロジェクト

はじめに

　グローバル化の波が大学教育にも押し寄せ、多くの大学で「国際」や「グローバル」を冠せられた学部が新設されています。現在もこの動きはとどまるところを知りません。

　このような動きに加えて、中長期の海外留学を必須とする学部も少なくありません。また、短期の海外プログラムは必修か選択かを問わなければ、ほぼ全ての大学、学部に設けられているのが現状です。

　そんな状況の中で、私たち河合塾大学教育調査プロジェクトは、2016年度には「グローバル社会に対応した日本の大学教育調査」（以下、2016年度調査）を独自に実施し、また2017年度には文部科学省からの委託調査「日本人の海外留学の効果測定に関する調査研究」（以下、2017年度調査）を実施してきました。

　これら2つの調査を通じて、私たちは日本の大学のグローバル化や海外留学・海外プログラムの現状をつぶさに把握するとともに、どのような留学・海外プログラムが学生の成長にとって効果があるのかを検討してきました。

　その詳細は、前者については『グローバル社会における日本の大学教育』（河合塾編著　東信堂）として出版され、また後者については文部科学省のウェブサイトにおいて全文が公開されています。（http://www.mext.go.jp/a_menu/koutou/ryugaku/__icsFiles/afieldfile/2018/11/22/1411310_1.pdf）

　本書は、こうした2つの調査の成果の上に立って、どのような海外留学・海外プログラムが学生を成長させるものかを明らかにしようとするものです。

第1節　本書の構成・概要とねらい

　本書の内容の直接の起源は、2019年3月2日に東洋大学で開催された河合塾と東洋大学共催のセミナー「カリキュラムデザインと事前・事後学習から見た、学生を伸ばす留学・海外プログラム（文部科学省委託事業「日本人の海外留学の効果測定に関する調査研究」をふまえて）」です。このセミナーは、九州大学 深堀聰子先生、広島大学　村澤昌崇先生、芝浦工業大学　井上雅裕先生、共愛学園前橋国際大学　村山賢哉先生、一橋大学　太田浩先生、東洋大学芦沢真五先生の6人と河合塾教育研究部の野吾教行（所属は全て2019年3月当時）が登壇しました。本書はそこでの内容をベースとしながらも、テーマごとに拾い読みもできれば、通読にも耐え得るものへと各講演者に大幅なリライトをお願いし、全体を再構成しています。その結果、本書は以下のような章立てとなっています。

　序章
　第1章　海外留学プログラムを設計するための効果検証
　　　　　―プログラム改善を導く学修成果アセスメントの在り方について―
　第2章　日・米・豪の外国留学支援政策の比較
　第3章　大学の短期留学・海外プログラムの工夫事例
　第4章　日本人の海外留学効果測定の調査研究
　　　　　―SEM・傾向スコア・決定木を用いて―
　第5章　特徴ある事例紹介　芝浦工業大学
　　　　　―グローバルPBL―
　第6章　特徴ある事例紹介　共愛学園前橋国際大学
　　　　　―ミッショングローバル研修―
　第7章　留学・海外プログラムの学修成果の可視化
　　　　　―異文化適応テスト・ルーブリック・Eポートフォリオをめぐって―

　第1章では、アウトバウンドとインバウンドの留学生の推移を踏まえた上で、本調査を含む3つの調査を例に挙げて、留学評価の現在の到達点が目的別に整理されています。その上で、学生がどのような知識・能力を身につければ効果があったと言えるのか、またそれを測定するためにはどのような調査設計が求められるのかが論じられ、カリキュラムマネジメントの視点からその優れた一例としてヨーロッパにおける「Erasmus Mundus Master of Arts Euroculture」の取り組みが紹介されています。

　第2章では、日本の留学生支援策の歴史を紹介した上で、海外、特にアメリカとオーストラリアの留学支援策がどのようにおこなわれているのか、それら両国に共通するものは何かが抽出され、さらに留学生支援策の現代的な課題が明らかにされています。特に、アメリカとオーストラリアにおいては、留学は選ばれた学生向けの特別なものではなく、広く一般の学生に開かれたものであるという意識の変革が進み、留学を大学教育（特に学士課程）における不可欠な要素として位置づけることが主張され、「留学の再定義」とも言える動向がみられる中で、日本の留学生支援策の課題が明らかにされています。

　第3章では、2017年度調査に基づいて、学生を成長させる日本の大学のグッドプラクティスを紹介し、そこから抽出される共通点を明らかにしています。

　第4章では、日本学生支援機構（JASSO）に採択された海外留学・海外プログラム参加学生への事後アンケート分析がおこなわれ、そこからさらに統計的手法を駆使して「どんな能力がどのようなプログラムで伸びるのか」が明らかにされています。

　第5章・第6章では、芝浦工業大学の「海外PBL」と共愛学園前橋国際大学の「ミッショングローバル研修」の、詳しい紹介がおこなわれています。

　第7章では、留学のアセスメントについてIDIやBEVI、さらにはバリュールーブリック等のそれぞれの長短について触れつつ、どのようにそれらのアセスメント手法を活用していけばいいのかが、海外の事例や国内の事例に触れつつ紹介されています。

54

このような各論点はそれぞれに独立した領域でもあり、各章は格好の入門的情報を提供しています。また、通読していただければ、現在の海外留学・海外プログラムの成果と直面している課題が立体的に把握できるものと思います。

第2節　2016年度調査と2017年度調査の概要

ここでは、本書の前提となっている2つの調査の概要について明らかにしておきます。

まず、2016年度調査の概要です。調査の前提として以下のことを設定しました。

前提の第一は、グローバル社会の進行は好むと好まざるとを問わず、日本全体を巻き込んで進展していくということです。

前提の第二は、この進展に対応した大学教育は、①世界に飛び出して活躍するいわゆるグローバル人材の育成だけにとどまらず、②国内において世界と協働できる人材の育成や、③地域におけるグローバル化に対応できる人材の育成も包含したものであるべきであり、個別の大学が置かれた状況によって、どの人材の育成に注力していくかが異なるべきだ、というものです。

特に③については、クラスの3分の1から半数近くが外国籍の子どもたちで占められる小学校も珍しくないとされる現在、従来、ドメスティックな職業と考えられてきた公立学校の教職員も、地域においてこのような状況に対応する必要に直面しています。医療・福祉関係者も例外ではありませんし、インバウンドの影響を受ける観光業やタクシー運転手などの職業も、その最前線にあります。

グローバル社会に対応した大学教育と言うと①でイメージされるグローバル人材の育成のみをイメージしがちですが、このような①〜③のトータルな対応が日本の大学教育全体に求められており、個々の大学においてはその立ち位置や教育目標に応じて設定していくべきものだということです。

その調査手法については、河合塾大学教育調査プロジェクトが2010〜

2015 年度におこなった「大学のアクティブラーニング調査」に引き続いて取り組んだもので、大学のアクティラーニング調査をおこなった際に開発した手法の多くを引き継いでいます。

　具体的には、まず全国の大学・学部・学科に対して質問紙調査をおこない、全体的な傾向を把握した上で、その中からグッドプラクティスと思われる取り組みを抽出し、訪問ヒアリング調査をおこなうというものです。

　質問紙調査でも、訪問ヒアリング調査でも、留学や海外プログラムの「目的」「具体的な内容」「カリキュラム全体との関係」「事前事後学習」「アセスメント（学生の成長およびプログラムそのものについての）」にフォーカスしているのが大きな特徴と言えます。

　なぜ、これらの点にフォーカスしたのでしょうか。

　それは、大学のアクティブラーニング調査の結果明らかになったことですが、学生を成長させるアクティブラーニングとは、1 つの授業の中で教員が単に思いつきのように取り組むのではなく、①カリキュラム全体として教育目標の実現を目指すことが重要であること、②知識習得型のアクティブラーニングは特定の科目の内部で完結して導入しても効果的ですが、③知識を活用して課題解決に取り組むアクティブラーニングは他の科目で学んだ専門知識を活用するハブ的あるいはコア的な科目として位置づけて実施することが重要であることがわかってきました。

　このような考え方は大学教育においても、カリキュラムマネジメントの重要性として次第に認識されつつあります。

　つまり、2016 年度調査で重視したポイントとは、①どのようにカリキュラムの中に留学や海外プログラムを位置づけているかであり、②カリキュラム全体とは切り離されて実施されることがやむを得ない全学組織による実施などの場合は、事前事後学習がどのように設計されているかが重要であるということです。これは、留学や海外プログラムに参加したことが、その後の大学での学習にどのようにつながっていくのか、ということでもあります。

　次に 2017 年度の「日本人の海外留学の効果測定に関する調査研究」についてです。

2017 年度調査は、次の 3 つの調査で構成されています。①「海外留学支援制度等の成果分析」、②「グローバル社会に対応した大学教育調査」、③「海外留学の成果の可視化」です。

①「海外留学支援制度等の成果分析」については定量的分析が本書の第 4 章の内容となりますが、JASSO の留学参加者の自己評価アンケート等のデータベースを統計的手法で分析し、どのような条件の海外留学・海外プログラムが成果を挙げているのかを探っています。

同時に、JASSO の自己評価アンケートにおいて、留学後の自己評価の伸びが大きい海外留学・海外プログラムから 5 つ、伸びが小さい大学から 3 つ抽出し、大学への訪問ヒアリング調査と複数の学生へのインタビューを実施しました。

対象となった大学は以下の 8 大学、九州大学、早稲田大学、長崎外国語大学、東北大学、九州工業大学、お茶の水女子大学、東京外国語大学、国際基督教大学です。

訪問ヒアリング調査と学生インタビューの内容については、次の②の対象大学に実施したものと共通となっています。

②「グローバル社会に対応した大学教育調査」については、2016 年度調査の考え方と手法を引き継いで、746 大学 2,250 学部への質問紙調査を実施し、356 大学 1,305 学部から回答を得ました。これらを集計することによって、全体的な現状と傾向を把握するとともに、そこから訪問ヒアリングと学生インタビューを実施する大学を以下の 8 大学抽出しました。東京医科歯科大学、立教大学、立命館アジア太平洋大学、北海道教育大学、立命館大学、共愛学園前橋国際大学、芝浦工業大学、九州工業大学です。

大学への訪問ヒアリング調査と学生インタビューの質問項目は以下のとおりです。

（大学への質問項目）

1. 当該海外プログラムの目的・目標はどのように設定されていますか。また当該海外プログラムは、学部や全学のディプロマポリシー、教育目標

とどのように関連づけられていますか。

2. 当該海外プログラムの実施主体、実施時期、実施期間、実施場所、参加学生数、プログラムの具体的活動内容を教えてください。

3. 当該海外プログラムの事前学習および事後学習はどのようにおこなわれていますか。

4. 当該海外プログラムが効果を上げるように、特に工夫されていることがあったら教えてください。

5. 当該海外プログラムは、学部の学士課程教育全体の中に関連づけられていますか。特に語学科目や専門科目との関連があれば教えてください。

6. 当該海外プログラムに学生が参加しやすくなるような奨学金や、その他の仕組み（CAP 制免除、クオーター制、単位認定など）を設けていれば教えてください。

7. 当該海外プログラムに参加した学生たちの、その後の他の海外プログラムや留学への参加状況はどのようになっていますか。

8. 当該海外プログラムに参加した学生に対して、他の海外プログラムや留学への参加を促すような取り組みがありますか。

9. 当該海外プログラムの、効果測定はおこなわれていますか。おこなわれている場合は、その具体的な仕組みについて教えてください。

10. 効果測定がおこなわれている場合は、その結果をどのようにプログラム改善に活かしていますか。具体的な仕組みと、改善例について教えてください。

（学生インタビュー項目）

1. 学部・学科・コースまたは専攻・学年を教えてください。

2. 入学前の海外体験を教えてください。

〔6 カ月以上の海外留学／1 カ月〜6 か月の海外留学（研修・体験プログラムを含む）／1 カ月未満の海外留学（研修・体験プログラムを含む）／長期の海外生活（生活地・期間）／海外旅行（訪問先・回数）〕

3. 入学前の国内での異文化体験を教えてください。

〔ホームステイ受け入れ／小中高での外国人生徒との交流／小中高での外国人留学生との交流／それ以外のリアルでの外国人の友人（家族の友人を含む）との交流／メールや SNS での外国人の友人との交流／学校や地域イベントなどでの異文化体験〕

4. 上記の体験が、海外プログラム（留学）参加にどのように影響しましたか。特に「参加は考えていなかった」「できたら参加したいと思っていた」が、参加することに変化した要因は何ですか。

※以下の質問については、最も意義があったと考えるプログラムについて回答

5. 海外プログラムの内容はどのようなものでしたか。

6. 実際に向上した能力は、どのような経験を通して培うことができたと考えていますか。

7. 事前学習にはどのような効果があったと感じますか。また、それはどのような面においてですか。

8. 事後学習にはどのような効果があったと感じますか。また、それはどのような面においてですか。

9. 海外プログラムは、学士課程 4 年間で学ぶ海外プログラム以外の科目と関連性があると感じますか、あるいは関連性はないと感じますか。それは、どのような面においてですか。科目以外にもありましたか。

10. 海外プログラムの内容面に関し、あなたの満足度はどうでしたか。不満に感じたことがありますか。

11. 海外プログラムへの参加の自分にとっての経済的・時間的・労力的な費用対効果についてはどう感じていますか。理由とともに教えて下さい。

12. 海外プログラムの内容面以外に関し、あなたの満足度はどうでしたか。不満に感じたことがありますか。理由とともに教えて下さい。

13. 短期プログラム参加者に、中期プログラム、長期プログラムに参加するよう大学・学部・学科などから積極的な働きかけがありますか。どの

ような働きかけですか。

14. 海外プログラムに参加した経験は、あなたの今後の学習や職業観にどのような影響を与えていますか。

③「海外留学の成果の可視化」については、海外留学・海外プログラムに参加前と参加後で、ジェネリックスキルがどのように変化するかを調査しました。具体的には PROG テストを海外留学・海外プログラムの事前と事後に実施している共愛学園前橋国際大学、芝浦工業大学、九州工業大学の 3 大学の協力を得て分析するに至りました。

第3節　これらの調査で明らかになってきたこと

これらの調査を通じて、まず海外プログラムについては次のような類型が見られました。

①短期〜中期の英語学修を目的とするタイプ (語学習得型)

②短期〜中期の英語を手段とするタイプ (専門履修型、専門研究型、共同 PBL 体験型、教養履修型、キャリア開発型)

③短期の異文化体験に特化したタイプ (異文化体験特化型)

④中期〜長期の交換 (派遣) 留学 (専門履修型、専門研究型、教養履修型、語学履修型)

それぞれについて見ていきます。

①短期〜中期の英語学修を目的とするタイプ (語学習得型) については、カリキュラムとの連携が図られている場合は効果を上げているものが多くあります。1 年前期の英語教育カリキュラムと連動して、夏休みに 1 〜 2 か月の海外英語研修に参加するという設計になっていて、秋以降はまたその成果を活かすかたちでカリキュラムが組まれています。

これと対照的なものとしては、カリキュラムと無関係に全学組織などが提供する語学研修が組まれているというパターンがあります。こちらは、学生一人ひとりのモチベーションや目的意識の強さに依存する傾向があります。

目的意識が強ければ、大いに成長することが多いものの、弱ければステイ型の観光旅行のようなものに終わってしまうケースもあり、学生インタビューでもそうした学生も一定数いました。ただし、目的意識が弱くても海外でインパクトを受けることにより、その後の成長につながっているケースもあり、その意味では、本当に学生個人次第ということになっています。

　②短期〜中期の英語を手段とするタイプ（専門履修型、専門研究型、共同 PBL 体験型、教養履修型）の場合は、もともとの留学志向の強弱に関わりなくプログラムがしっかりと設計されていれば、参加学生に大きなインパクトを与えます。

　このタイプでは、英語習得が目標ではなく、英語は PBL や専門履修・研究のための道具であるという位置づけが明確です。このため、英語が得意でなくても壁を乗り越えやすく、結果的に英語への苦手意識も克服できていたりするケースも多くあります。

　ただし、これが成功するためには、現地でいかに派遣先の学生と協働が進むようにテーマ設定ができるかが重要ですし、事前学習で自分のテーマを明確に持つことなどが大きく左右します。

　③短期の異文化体験に特化したタイプは、期間も 1 週間以内と短いものが多いため、いかにインパクトある体験が用意できるかがポイントとなっています。

　また、直接この調査の結果ではありませんが、このようなタイプでも、学生が自分のテーマを持って臨むものでは、事後の感想も「もっと調べてから参加すればよかった」「もっと現地の学生に話しかければよかった」といったものが多いのに対して、テーマなしに臨むと「もっとお小遣いを持って行けばよかった」「朝起きるのがつらかった」といった感想が多く見られるといった調査結果もあり、大変示唆的です。

　④中期〜長期の交換（派遣）留学（専門履修型、専門研究型、教養履修型、語学履修型）は、必修型とコース必須型、自由選択型がありますが、それによっても大きく異なっています。

　いくつかの大学・学部では、派遣先大学での履修とは別に、独自の研究テー

マを事前に学生に決めさせて、それに留学期間中に取り組み、その後の卒論などにつなげていく、という設計になっています。これも、明確にテーマを持たせることで効果あるものにしようという取り組みですが、専門との関係が明確でない中期〜長期の交換(派遣)留学でも、学生が明確な目標やテーマを持っていない場合は「充実した長期の海外生活」というかたちに終始してしまう例も見られました。

　以上は類型化したタイプごとの考察ですが、まとめると次のようになります。

①カリキュラム組み込み型は留学効果も高い。独立型の場合は、学生がどのような目標及び準備を持って海外プログラムに参加するかに大きく依存している。

②事前学習については、1回のオリエンテーションを開催するケースが多いが、海外プログラムの内容を回数をかけて準備するものもあり、そのようなプログラムでは学生の満足度や効果が高い。

③海外体験の無い学生には異文化体験のインパクトが大きい。海外体験で世界観を劇的に変化させ、それ以降も別の海外プログラムに積極的に参加するようになったり、将来のキャリアに関し海外で働きたいと考えるようになったりなどという著しい変化も見られる。

④英語習得を目的とした自由参加型の海外プログラムで、中長期留学のステップとして参加学生が位置づけている場合は効果が大きく見られるが、その位置づけが明確でない場合は、個人次第の結果になる傾向がある。

⑤英語を手段として、派遣先の大学学生との共同ワークショップ、共同PBL、現地フィールドワーク、共同研究などに取り組む海外プログラムは、結果として英語コミュニケーション能力も高め、異文化対応力も高めているケースが多く見られる。

　また、スーパーグローバル大学育成事業(SGU)採択大学とそれ以外の大学の海外プログラムとはどう違うのかという点についても、政府の留学支援策との関係で触れておきたいと思います。

　2017年度調査では、訪問調査を実施した16大学の内、SGUに採択されて

いるのは、タイプ A が 4 大学、タイプ B が 2 大学含まれていました。これ
ら SGU 採択の 6 大学においては、多くの学生の海外プログラムへの参加を
推奨しており、また多様なプログラムが準備されています。が、それ以外の
大学でも積極的な参加は推奨されており、むしろ、明瞭であったのは資金の
潤沢さの違いです。SGU 採択大学は、潤沢な資金により海外プログラムの
メニューを多様か豊富に用意でき、参加学生も多くなっています。

　学生を海外プログラムに参加させるためには、そのためのファンドが大学
には不可欠であり、いかに各大学が確保するのか、また政府としてバックアッ
プするのかが重要であることは言を俟ちません。

　最後に改めて付言しておけば、本書における一貫した問題意識は、どのよ
うにしたら学生が成長できる海外留学・海外プログラムを実現できるのか、
という点にあります。2 つの調査で判明してきたことを踏まえつつ、学生の
成長に資するために、さらに視点を広げる、あるいはさらに深めることが本
書の役割です。

第1章　海外留学プログラムを設計するための効果検証

——プログラム改善を導く学修成果アセスメントの在り方について——

深堀聰子（九州大学教育改革推進本部教授）

はじめに

　この第1章では、本書のメインテーマである「海外留学・海外プログラムをいかに設計すれば学生を伸ばすことができるのか」について、学修成果アセスメントの観点から迫ってみたいと思います。学生が留学プログラムの学修成果をどの程度達成できたかという観点から海外留学の効果検証をおこなうことは、効果的な海外留学プログラムのカリキュラム設計・再設計に向けた教育改善サイクルを稼働させる上で不可欠の取り組みであると言えます。そうした立場から、効果的なカリキュラム設計の実例紹介（第5章・第6章）に先立って、プログラム改善を導く学修成果アセスメントの在り方について論ずることが、本章のねらいです。

　第3章と第4章では、河合塾と広島大学から文部科学省委託事業「日本人の海外留学の効果測定に関する調査研究」（以下「2017年度調査プロジェクト」と呼ぶ）に関する報告がありますが、本書の構成の関係上、この第1章では「2017年度調査プロジェクト」の内容を前提として行論してまいります。また、留学政策と学修成果アセスメントに関する米国・豪州の動向（第2章）、及び具体的な学修成果アセスメント・ツールの紹介（第7章）とは相補的な内容について考察を深めます。必要に応じて、該当する各章をご参照ください。

　さて、私は「2017年度調査プロジェクト」では、調査全体の監修を担当させていただきました。プロジェクトが企画された当時、私は国立教育政策研究所で学修成果アセスメントに基づく大学教育の質保証に係る国際共同研究

に携わっていた経緯から、この役割をいただいたものと受け止めております。その後、九州大学に職場を移してからは、大学の教育改革の企画と評価を担当する組織において、教育プログラムの改善を導くための条件整備を目指して、理論と実践の統合に努めているところです。

第1節　日本の留学をめぐる状況

はじめに、日本の留学をめぐる状況について概観します。2020年までに日本国内の外国人留学生を30万人に増やすことを目指す『留学生30万人計画』が打ち出されてから10年が経ちました。2008年のスタート時点で14万人だった外国人留学生数（インバウンド）は、目標よりも1年前倒しの2019年に30万人の目標を達成しました。さらに、2020年までに日本の海外留学者数（アウトバウンド）を12万人に増やすといった目標も、その達成に向けて順調に進捗しています（2018年時点で115,146人）。日本のグローバル化政策は、インバウンドもアウトバウンドも、数の上では、目標を概ね達成していると言うことができます（日本学生支援機構, 2020a, pp.15&20; 2020b, p.1）

ポスト「留学生30万人計画」時代を展望する現段階において、留学政策は、量から質へ、政府によるイニシアティブから教育現場における構造化に向けて転換してきています。例えば、中央教育審議会大学分科会将来構想部会では、インバウンドに関する留学政策の方向性として、「留学生の受入れのためのプログラム」から脱却して、多様な価値観が交わることで新たな価値創造を促す真の「大学の国際化」を目指すべきことが強調されています（中央教育審議会大学分科会将来構想部会, 2018, p.19）。

そうした状況の中で、海外留学（アウトバウンド）は、日本人学生にとってどのような意味を持ち、その成長にいかに寄与しているのかを検証し、海外留学プログラムの在り方を展望するこの「2017年度調査プロジェクト」は、非常にタイムリーで、意味のある取り組みであると思われます。

アウトバウンド

①日本人留学生数の推移

〈2018年度には、11万人を超える日本人学生が海外に留学しました。
うち、アジア・大洋洲への留学で約半数を占めています〉

日本の大学等と外国の大学等との学生交換に関する協定なし
日本の大学等と外国の大学等との学生交換に関する協定あり

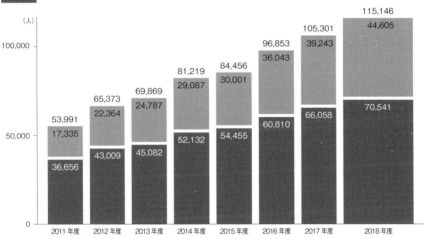

②日本人学生の留学状況（2018年度）

総数：115,146人

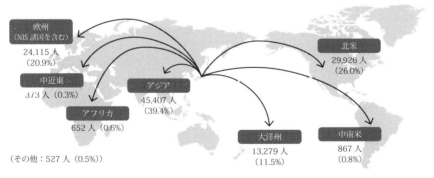

（その他：527人（0.5%））

日本学生支援機構「協定等に基づく日本人学生留学状況調査」より作成

図1-1　日本人留学生数「協定等に基づく日本人学生留学状況調査」

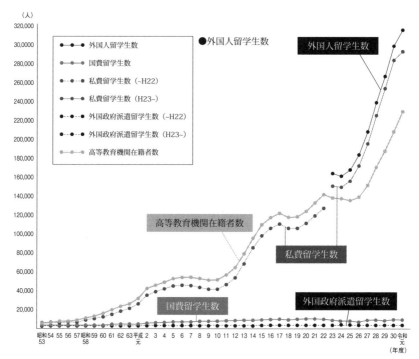

（人）

※「出入国管理及び難民認定法」の改正（平成21年7月15日公布）により、平成22年7月1日付けで在留資格「留学」「就学」が一本化されたことから、平成23年5月以降は日本語教育機関に在籍する留学生も含めた留学生も計上。

独立行政法人日本学生支援機構「平成30年度外国人留学生在籍状況調査結果」より作成

図1-2　日本再興戦略―JAPAN is BACK　留学生30万人計画の達成（平成31年）
「外国人留学生在籍状況調査」

第2節　留学の学修成果をどこに求めるのか

　海外留学を通して、学生にどのような知識・能力を身につけることを期待するのか。海外留学の学修成果について考察してみたいと思います。グローバル人材育成推進会議による「グローバル人材」の定義は次のとおりです。要素1として「語学力・コミュニケーション能力」、要素2として「主体性・積極性・チャレンジ精神・協調性・柔軟性・責任感・使命感」、要素3とし

て「異文化に対する理解と日本人としてのアイデンティティー」、この他に「幅広い教養と深い専門性」、「課題発見・解決能力」、「チームワークと（異質な者の集団をまとめる）リーダーシップ、公共性、倫理観、メディア・リテラシー」等が掲げられています（グローバル人材育成推進会議, 2012, p.8）。

　このように「グローバル人材」には、非常に広範な学修成果が含まれており、一人の学生が、一度、留学プログラムに参加しただけで、全てを網羅的に達成できると期待することは、余り現実的ではありません。実際には、それぞれの留学プログラムが、それぞれに与えられた境界条件の中で、それぞれの強みを活かしながら、グローバル人材に関連する学修成果セットの一部について働きかけることで、グローバル人材育成の一端を担っていると考えるべきでしょう。「2017年度調査プロジェクト」でも、留学プログラムには、短期・中期・長期のものが確認されましたし、英語の習得を目的とするものや英語を手段とするもの、フィールドワークに特化したものや交換留学など、その期間・目的・内容は一様ではありませんでした。

　このように、多様な留学プログラムの効果を検証する場合、いかなる効果指標を設定すればよいのでしょうか。学修成果の観点からは、学生がどのような知識・能力を身につけていれば、留学プログラムには効果があったと言えるのでしょうか。それを確認するためには、どのような調査設計を目指せばよいのでしょうか。

第3節　留学の効果検証の到達点──3つの調査をめぐって──

　海外留学の効果検証に関する現在の到達点を、概観してみましょう。注目するのは、次の3つの調査です。第一は、この「2017年度調査プロジェクト」、第二は、それに先立って日本学生支援機構（JASSO）によって実施された「留学生交流支援制度／海外留学支援制度評価・分析（フォローアップ）調査」、第三は、横田雅弘先生を中心とする研究チームによる調査です。

　3つの調査それぞれの設計と結果の概要は次のとおりです。

　第一の「2017年度調査プロジェクト」は、『海外留学支援制度JASSOアン

ケート調査』と『トビタテ！留学 JAPAN アンケート調査』を分析したもので
す。調査対象者は JASSO 奨学金受給者に限定されていますが、大規模調査
であり、留学経験に対する満足度に加えて、留学前と留学後の 2 時点間での
能力の「伸び」を、「派遣前」と「派遣後」の 2 度にわたるアンケートで具体的
に尋ねている点に特徴があります（ただし、2016 年度調査分のみ）。分析の結果、
留学経験者は留学経験に概ね満足しており、留学前後に報告された能力には
伸びが確認されることが明らかになりました（学校法人河合塾, 2018）。

　第二の「留学生交流支援制度 / 海外留学支援制度評価・分析（フォローアッ
プ）調査」では、グッド・プラクティスと称される優れたプログラムを抽出し、
当該プログラムに参加した学生を対象に、アンケート調査とインタビュー調
査を実施する方法が採られました。本調査でも、「2017 年度調査プロジェク
ト」と同様に、留学経験者は留学経験に概ね満足しており、留学を通して能
力・態度に成長があったと感じていること（回顧情報）が明らかになりました
（日本学生支援機構, 2015）。

　第三の横田研究チームの調査の特徴は、広範な Web アンケート調査に基
づき、留学経験者と非経験者（図 1-3 では大学経験と表記）を比較するアプロー
チが採られている点にあります。多様な年齢層を含むため、留学の長期的効
果等の分析もおこなわれました。調査の結果、例えば大学の授業や課外活動
への積極的な参加、語学力の習得、忍耐力や柔軟性の涵養、世界観の変化等
に留学経験のプラスの効果が報告されています。一方、企業での職位や給与、
生活満足度には明確な違いが見られないことも明らかにされています。これ
らの調査結果は、海外の先行研究とも合致しています（横田・他編著, 2018）。

　これらの調査より、留学経験に対する満足、留学を通した能力・態度の成
長実感といった留学のプラスの効果が、共通して検証されています。その一
方で、次の 2 種類の調査設計上の課題も浮き彫りになりました。

　第一の課題は、効果検証の目的に関するものです。効果検証の目的には、
大きく政策評価（行政レビュー）とプログラム評価（教育改善と内部質保証）が挙
げられますが、それぞれに分析の単位、及び注目する効果指標が異なります。

　「留学政策には効果があったのか」という行政レビューの観点から効果検

主体	調査設計			効果指標 (自己評価)
	対象	事前（回顧）✈ 事後	分析の観点	
河合塾 2018	奨学金 受給者		期間、渡航 先、目的、 研修有無、 リピーター	能力の「伸び」、 満足度
JASSO 2015	GP	留学経験	期間、旅行 経験、タイ ミング、 研修有無	能力、態度、 社会人基礎力、 満足度
横田他 2018	Web	留学経験	期間と有無、 目的、 タイミング	態度（忍耐力・ 積極性・柔軟 性）、キャリア への影響、採 用の際の評価、 満足度
	Web	大学経験		
	調査設計に関する課題			効果指標に 関する課題

図1-3　海外留学効果検証の設計

証をおこなう場合、分析の単位は留学プログラム全体、つまり広範な範囲の留学プログラムの効果を、総合的かつ横断的に検証する必要があります。学修成果の観点からは、多様な学修成果を網羅的に確認するか、全ての留学プログラムが共通して追求している学修成果に焦点化するかの判断が問われます。いずれの効果指標セットが採用された場合でも、留学プログラム全体の効果を検証するために設定されたそれらの指標は，留学プログラムの多様性に鑑み、個別の留学プログラムの効果を検証する指標としては、必ずしも妥当ではない場合が少なくないことを指摘しておく必要があります。

　留学プログラム全体の効果を検証するために設定された効果指標セットのそれぞれの指標に対して、「どのような特徴を持つ留学プログラムが効果的か」という分析をおこなう場合には、プログラムの特徴を識別するための情報を収集しておく必要があります。プログラムの類型別に異なる効果が目指されている場合には、類型を識別するための情報をとらえておく必要があり

ます。それゆえ、調査対象となる留学プログラムのサンプルは、必ずしも悉皆調査である必要はありませんが、一定の代表性が確保されている必要があります。注目する特徴・類型ごとに、偏りなく留学プログラムが抽出されている必要がありますし、それぞれの留学プログラムから偏りなく学生が抽出されている必要もあります。そのためには、多段階層化抽出法に基づいてサンプルを抽出することが理想的です。

それに対して、「特定の留学プログラムには効果があったのか」、効果を高めるために「どのような改善が必要か」という、プログラム評価・改善の観点から効果検証をおこなう場合、分析の単位は個別の留学プログラムであり、注目する効果指標は、当該留学プログラムの目的や内容に照らして、可能な限り妥当性の高いものを採用することが求められます。

このように、政策評価のための効果検証とプログラム評価のための効果検証では調査設計の方法が大きく異なります。それぞれの目的に適った調査を設計することが、的確な調査結果を導く上で極めて重要である点を強調しておきたいと思います。一方で、後述するとおり、量から質へ、政府イニシアティブから構造化に向けて転換してきているポスト留学生 30 万人計画の留学政策では、評価の観点は政策評価からプログラム評価に大きくシフトしてきており、プログラム改善に基づく内部質保証の重要性が増してきています。

第 4 節　どのような効果指標が有効なのか

調査設計上の第二の課題は、効果検証の根拠となる比較集団に関するものです。留学経験者が何と比較して優れていれば、留学の効果があったと判断できるのか。留学経験者の事前・事後（2 時点）の変化に着目するのか、それとも、留学経験者と非経験者の違いに注目するのか。また、回答者の主観（自己報告）に基づくアンケート調査（間接評価）に頼るのか、それとも可能な限り客観性を確保することを目指す直接評価、ないしそれに近づけた間接評価を目指すのかといった問題です。

まず、留学経験者が何と比較して優れていれば、留学の効果があったと判

目的（主体）	特徴
グローバル化政策の効果検証（政府）	・汎用性のある効果指標を用いて、横断的に評価。 ▶プログラム間の比較（効果のあるプログラムの特徴の抽出）が可能。 ▶個別のプログラムの改善方策を導くことは困難。 ・悉皆調査でなくてもよいが、ランダム抽出に基づく代表性のあるサンプル（実験・統制集団）が求められる。 ・同一人物の変化を複数時点で捉えるパネル調査が望ましい。
留学プログラムの効果検証（大学）	・個々のプログラムの目的に即した効果指標を用いて、個別に評価。 ▶目的が異なるプログラム間の比較はできない。 ▶個別プログラムの改善方策を導くことができる。 ・プログラムのプロバイダ（大学）が実施する小規模の調査。カリキュラムに埋め込まれた形で、形成的・総括的評価を丁寧に実施することが可能であり、それが求められる。

図1-4　調査設計に関する課題

断できるのかという点について、留学経験者の事前・事後（2時点）を比較する方法は、留学という経験を通して個人がどう変化したか（付加価値）を検証しようとするものであり、発達をとらえるためのスタンダードな方法と言えます。実際には、事後の1時点で、事前の状況についての回顧情報と事後の状況についての情報を合わせて問うことが多いのですが、回顧情報には曖昧さが含まれるため、実際に2時点で情報を収集するパネル調査の方法が理想的だと言われています。情報収集に費やすコストと情報の確からしさは、トレードオフの関係にあります。

　一方、留学経験者と非経験者を比較する方法は、調査対象者の諸特性（留学経験の有無を含む）と効果指標との関連を検証しようとするものであり、調査対象者を無作為に実験集団と統制集団へと振り分ける実験デザインの方法を採ることが理想的だと考えられています。教育の文脈においては、実際には、厳密な実験デザインを採ることは困難な場合が多いため、無作為抽出ではない方法で実験集団と統制集団を設定する疑似実験デザインが採用されることが多いと言えるでしょう。

　次に、回答者の主観（自己報告）に基づくアンケート調査（間接評価）に頼る

のか、それとも可能な限り客観性を確保することを目指す直接評価、ないしそれに近づけた間接評価を目指すのかといった点について、回答者の主観（自己報告）に基づくアンケート調査（間接評価）は、その実施可能性（フィージビリティ）の高さから多用される方法ですが、回答者がある状況をどのように認識しているかを問う以上、必然的に回答者の主観に強く規定されます。そして、教育評価の文脈では、自己の能力に関する個人の評価には、回答者の能力水準によるバイアスがかかりやすいことが実証されています。すなわち、能力の高い人は、「まだまだ伸びなければならない」というように、目標となる優れた外的基準に照らして自己の能力を過小評価しがちであるのに対して、能力の低い人は、「私は頑張った」というように、過去の自己からの伸びに注目して、自己の能力を過大評価しがちであるといわれています（ダニング・クルーガー効果）(Kruger & Dunning, 1999)。

　こうした自己評価は、学生が自身の学びを振り返るためには重要な意味を持ちますが、政策評価やプログラム評価の効果指標として採用することには、慎重な姿勢をとるべきだと考えます。間接評価の限界を克服するために、テストやパフォーマンス評価などの直接評価を採用したり、間接評価を用いる場合も、「意識（どう思うか）」を問うのではなく、実際の「行動（何をおこなったか）」を問うことで、主観に基づくバイアスを取り除く工夫がおこなわれたりしています。

　これらの観点から「2017年度調査プロジェクト」で分析したデータを吟味すると、調査設計上の課題を確認することができます。第一に、グローバル化政策の効果検証という行政レビューを目的とした文部科学省委託研究である本調査は、留学経験者を対象とした大規模調査であるという意味で、広範な範囲の留学プログラムの効果を、総合的かつ横断的に検証する条件が整っており、「留学政策には効果があったのか」という調査課題に一定の解を導くことが可能なデータに依拠しています。しかしながら、プログラム単位で分析をおこなうサンプル設計になっておらず、プログラムの特徴・類型を識別するための情報も欠落しているため、「どのような特徴を持つ留学プログラムが効果的か」という分析をおこなうことはできないという限界を含んで

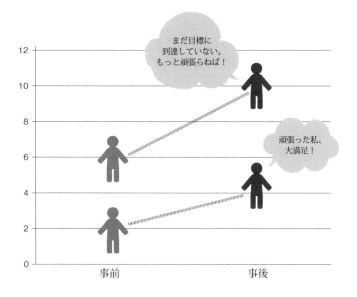

・Kruger, J., &Dunning, D.(1999). Unskilled and unaware of it : How difficulties in recognizing one's own incompetence lead to inflated self-assessments. *Journal of Personality and Social Psychology, 77*(6), 1121-1134. (http://dx.doi.org/10.1037/0022-3514.77.6.1121)

図1-5　効果指標に関する課題：自己評価の限界

います。

　第二に、「2017年度調査プロジェクト」（2016年度調査分）では、派遣前と派遣後の2時点で実施されたアンケート調査に基づいて、留学前と留学後の2時点における能力の「伸び」をとらえることが目指されている点が画期的と言えます。また、能力に関する質問項目を、「〜できる」といった具体的な行動目標のかたちで尋ねることによって、主観に基づくバイアスを取り除く工夫が凝らされている点も注目に値します。しかしながら、直接評価ではなく間接評価に基づいていることによる限界は否めません。

　こうした状況の中で、直接評価に基づく海外留学の効果検証の試みも着手されてきています。例えばJames Madison Universityが展開するBEVI（Beliefs and Values Inventory）は、広島大学の西谷元先生のグループが中心となって、数年前から複数の大学で留学プログラムの効果検証の目的で活用されています。

この調査では、心理学的手法に基づく直接評価によって、留学前・留学後の2時点間における価値観の変化に迫ろうとしている点に特徴があります。西谷チームによると、短期留学でも、価値観に一定の変化が見られることが明らかにされています（西谷, 2016）。

BEVI の項目の多くは、日本のグローバル人材の定義と合致していることから、留学プログラムの学修成果アセスメントとして妥当性が十分に検証された場合には、BEVI を国際通用性のある直接評価のツールの一つとして採用することを検討してもよいのかもしれません。同様に、日本の PROG テストも、その項目がグローバル人材の定義や留学プログラムの学修成果の指標として妥当だと判断された場合には、留学プログラムの学修成果アセスメント・ツールの一つとして採用することを検討してもよいのかもしれません。

第5節　いかに留学プログラムを設計するか──カリキュラムに埋め込まれた学修成果アセスメント──

ここまでは、政策評価のための効果検証の在り方に焦点化してまいりましたので、ここからはプログラム改善のための効果検証の在り方について、特にカリキュラムに埋め込まれた学修成果アセスメントの観点から検討してまいりたいと思います。学修成果アセスメントをプログラム改善に活用するためには、カリキュラムとの整合性が確保されている必要があるからです。学修成果アセスメントに基づいて不断にプログラムの改善を図ることによる内部質保証が重視されている今日の高等教育の文脈において、留学政策を政府イニシアティブから教育現場における構造化に転換し、真の「大学の国際化」に導いていくためには、学修成果アセスメントが埋め込まれた留学プログラムを構築していくことこそが、極めて重要な次のステップだと思われます。

学修成果アセスメントが埋め込まれた留学プログラムの事例として注目するのは、欧州8大学間の共同学位プログラムである Erasmus Mundus Master of Arts Euroculture です。「欧州の政治と文化の関係性に関する知識と理解、欧州社会に積極的に貢献し得るスキルの獲得」を目指すこの2年制修士プロ

グラムには、留学がカリキュラムに埋め込まれており、学生は欧州高等教育圏内 8 大学 (スペインのデウスト大学、ドイツのゲッティンゲン大学、オランダのフローニンゲン大学、ポーランドのヤギェウォ大学、チェコのパラツキー大学、フランスのストラスブール大学、イタリアのウーディネ大学、スウェーデンのウブサラ大学)、及び圏外 4 大学 (アメリカのパデュー大学、日本の大阪大学、インドのプネー大学、メキシコ国立自治大学) の中から、在籍する機関 2 大学以上を選んで、学修に取り組みます。

　プログラムの概要は、次のとおりです。2 年間 4 セメスターの第 1 学期には、欧州圏内の大学 A (学生が選択)、第 2 学期には欧州圏内の大学 B (学生が選択) においてコースワークが実施されます。すなわち、「欧州社会・政策・文化のコア概念を学ぶ」授業科目、及び「グローバル社会の中の欧州」というゼミナール形式の授業科目を通して「多文化主義」、「国家・欧州アイデンティティ」、「欧州統治に係る政治・法律」、「社会・政治プロセスの展開」、「欧州統合の多面的検討」といった知識・理解、及びアクティブラーニング型の授業「ユーロコンピテンス Ⅰ・Ⅱ」を通して「コミュニケーション」、「チームワーク」、「マネジメント」、「プロジェクト設計」、「プロジェクト申請書作成スキル」、「柔軟性・耐応力」、「内省・自己分析」といったコア・コンピテンスの修得が目指されます。各大学で実際に開講されている授業科目の中身は、それぞれの大学の歴史的背景や教育資源に基づいて多様であることから、プログラムとしての一貫性を維持するためには、コア概念やコア・コンピテンスに関する大学間の共通理解が不可欠と言えます。

　1 年目が終了した夏休みには、「インテンシブ・プログラム」と呼ばれる 7 日間の夏季集中講座が開催されます。ここでは、欧州圏内 8 大学に分散している学生と教員が一堂に会して、共通テーマに関する研究発表とディスカッションがおこなわれます。

　2 年目の第 3 学期の教育内容は、研究専攻と専門職専攻で異なります。研究専攻の学生は、圏外 4 大学を含む 12 大学のいずれかで研究に取り組むのに対して、専門職専攻の学生は、インターンシップに参加します。最後の第 4 学期には、全ての学生が第 1 学期に学んだ大学 A に戻って、集大成として

欧州の政治と文化の関係性に関する知識と理解、
欧州社会に積極的に貢献しうるスキルの獲得を目指す2年制修士プログラム

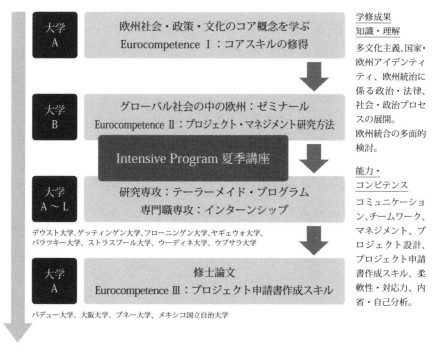

https://www.euroculturemaster.eu/programme-outline より作成

**図1-6　カリキュラムに埋め込まれた留学経験　Erasmus Mundus
Master of Arts Euroculture**

の修士論文の執筆に従事します。

　Erasmus Mundus Master of Arts Euroculture プログラムの学修成果アセスメント
は、授業科目の成績評価に基づく単位認定を基本としており、その意味で
カリキュラムに埋め込まれたかたちで実施されています。その際、授業設
計の基盤となるコア概念やコア・コンピテンス（学修成果）についての共通理
解、及び成績評価の基盤となるコア概念やコア・コンピテンス（学修成果）の
範囲と水準に関する共通理解を欧州高等教育圏内外12大学の教員間で形成
し、プログラムとしての一貫性と成績評価の客観性を確保する上で極めて重

要な役割を果たしているのが、学生と教員が一堂に会して研究成果の発表とディスカッションに従事する「インテンシブ・プログラム」です。

　このイベントを通して、プログラムの学修成果として、学生にどのようなパフォーマンスを期待するのかについての共通理解が、具体的なレベルで形成されます。教員は、学生の研究発表を共同で採点して成績評価をつける経験を通して、学修成果を設定してその達成度を適切に評価することのできる判断力としてのエキスパート・ジャッジメント（深堀, 2020）を身につけます。このエキスパート・ジャッジメントは、教員が自大学に戻って、授業科目を担当する際にも発揮されるため、国や機関の違いを越えて、プログラムとしての一貫性と成績評価の客観性を確保することが可能になるのです。

　客観性が確保された成績評価は、プログラム改善を導く学修成果アセスメントとしても重要な役割を果たします。学修成果の範囲と水準に関する共通理解に基づいて授業科目が設計され、成績評価がおこなわれた場合、成績評価は学修成果の達成度の比較的厳密な指標とみなすことができるからです。授業科目単位の成績評価の平均値や分布は、その授業科目を受講した学生グループが、所定の学修成果のセットをどの程度身につけたかを表します。プログラム単位の成績評価の平均値や分布は、プログラムを履修した学生グループがプログラムの学修成果の全体をどの程度身につけたかを表します。これらの情報から、授業科目やプログラムで改善が必要な箇所について、具体的な示唆を提供することができます。

第6節　政策評価からプログラム評価へ：留学プログラムの内部質保証

　日本の高等教育政策では、「学修者本位の教育への転換」が目指されており、それを推進する一つの方策として、学修成果に基づく内部質保証の重要性が指摘されています。学修成果の達成度を確認するためのアセスメント・プランを策定し、そこから導かれた情報に基づいて、不断にプログラム改善を図っていくことが、質保証の基本的なアプローチとして重視されてきているので

す（中央教育審議会大学分科会, 2020）。

　このように、大学教育の内部質保証が重視されている背景には、大学教育の多様性を尊重する前提があります。個々の学位プログラムで育成しようとしている人材像は多様であり、教育内容も様々です。そのように多様な学位プログラムの効果を、一律の効果指標で横断的に検証することは不可能であるし、妥当でもないと考えられるようになってきているからです。個々の学位プログラムで設定されている学修成果の達成度を、学修成果アセスメントに基づいて確認し、不断にプログラム改善を図っていくことこそが、実質的な教育改善に結びつくと考えられているからです。

　ポスト留学生30万人計画時代の留学政策において、量から質へ、政府によるイニシアティブから教育現場における構造化に向けた転換が図られている今日、留学プログラムの高度化を通して、真の「大学の国際化」を目指すのであれば、留学プログラムの効果を一律の効果指標で横断的に検証しようとするアプローチから脱却して、留学プログラムの内部質保証の仕組みを強化するアプローチへと転換する必要があります。その際、プログラムとしての一貫性と成績評価の客観性を確保する上で、極めて重要な要件となるのが、大学教員のエキスパート・ジャッジメントを涵養することです。留学プログラムでは、大学教員が国の違いを越えて切磋琢磨する必要があるため、一層の目的性と計画性をもってこの作業に取り組む必要がありますが、そのようにして鍛えられたエキスパート・ジャッジメントこそが、日本の大学の真の国際化を導く中核要素であることを強調して、本章を締めくくりたいと思います。

引用文献

学校法人河合塾（2018）『日本人の海外留学の効果測定に関する調査研究（成果報告書）』（平成29年度文部科学省委託事業）https://www.mext.go.jp/a_menu/koutou/ryu-gaku/__icsFiles/afieldfile/2018/11/22/1411310_1.pdf（2020年7月19日アクセス）

グローバル人材育成推進会議（2012）『グローバル人材育成戦略（審議まとめ）』https://www.kantei.go.jp/jp/singi/global/1206011matome.pdf（2019年10月4日アクセス）

中央教育審議会大学分科会 (2020)『教学マネジメント指針』https://www.mext.go.jp/content/20200206-mxt_daigakuc03-000004749_001r.pdf (2020 年 7 月 19 日アクセス)

中央教育審議会大学分科会将来構想部会 (2018)『今後の高等教育の将来像の提示に向けた中間まとめ』https://www.mext.go.jp/b_menu/shingi/chukyo/chukyo4/houkoku/__icsFiles/afieldfile/2018/07/03/1406578_01.pdf (2019 年 10 月 4 日アクセス)

西谷元 (2016)『広島大学における BEVI-j の活用・結果 ――SGU 事業実施における留学プログラムの質保証 ――』https://www.hiroshima-u.ac.jp/system/files/67984/05.pdf (2019 年 10 月 4 日アクセス)

日本学生支援機構 (2015)『留学生交流支援制度 / 海外留学支援制度評価・分析 (フォローアップ) 調査』https://www.jasso.go.jp/ryugaku/tantosha/study_a/short_term_h/__icsFiles/afieldfile/2016/01/06/report_all.pdf (2019 年 10 月 4 日アクセス)

日本学生支援機構 (2020a)『JASSO 概要 2020 令和 2 年』https://www.jasso.go.jp/about/organization/__icsFiles/afieldfile/2020/06/05/2020_gaiyou-a4_0605s.pdf （2020 年 7 月 19 日アクセス）

日本学生支援機構 (2020b)『2019 (令和元) 年度外国人留学生在籍状況調査結果』https://www.jasso.go.jp/about/statistics/intl_student_e/__icsFiles/afieldfile/2020/02/06/datar01z_1suii.pdf (2020 年 7 月 19 日アクセス)　https://www.studyinjapan.go.jp/ja/_mt/2020/08/date2019z.pdf (2021 年 4 月 8 日アクセス)

深堀聰子 (2020)「大学教員の『エキスパート・ジャッジメントの涵養』と大学組織の『学修システム・パラダイムへの転換』――研究課題と概念整理――」『大学教育学会誌』42 (1), pp.63-67.

横田雅弘・太田浩・新見有紀子編著 (2018)『海外留学がキャリアと人生に与えるインパクト』学文社.

Kruger, J., & Dunning, D. (1999). Unskilled and unaware of it: How difficulties in recognizing one's own incompetence lead to inflated self-assessments. *Journal of Personality and Social Psychology*, 77 (6), 1121-1134. http://dx.doi.org/10.1037/0022-3514.77.6.1121 (2020 年 7 月 19 日アクセス)

ウェブサイト

Erasmus Mundus Master of Arts Euroculture　https://www.eurocuituremaster.eu/ (2020 年 7 月 19 日アクセス)

第2章　日・米・豪の外国留学支援政策の比較

太田　浩（一橋大学全学共通教育センター教授）

はじめに

　学生国際流動性に関する世界的動向を見ると、かつて留学生送出し国であった中国、韓国、マレーシア等アジアの国々が留学生受入れ国への転換を図る政策をとっています。一方、欧米の伝統的な留学生受入れ国の中には、グローバル化を背景に自国学生の外国留学（以下、「留学」）を国策として推進するところが出てきています。世界最大の留学生受入れ国である米国はその典型的な例です。そして日本と豪州も同様に、近年は外国人留学生の受入れだけでなく、海外留学を政策的に支援しているところです。

　日本は、留学生10万人計画、留学生30万人計画と外国人留学生受入れ政策を軸に高等教育の国際化を推進してきたこともあり、留学支援政策が規模を伴ったかたちで始まったのは2000年代に入ってからのことです。そして、それが国の成長戦略と結び付けられ本格化したのは2010年代になってからのことでした。「日本再興戦略」（2013年）では、2020年までに海外留学者数を12万人に増やすという数値目標を掲げ実施されました。

　近年、日本政府は、「大学の世界展開力強化事業」（2011年）、「グローバル人材育成推進事業（経済社会の発展を牽引するグローバル人材育成支援）」（2012年）、「官民協働海外留学支援制度～トビタテ！留学JAPAN日本代表プログラム～」（2014年）、「スーパーグローバル大学創成支援」（2014年）、「海外留学支援制度（短期派遣・長期派遣）」（2014年）、「同制度（協定派遣型・大学院学位取得型）」（2015年）、「同制度（学部学位取得型）」（2017年）など留学促進、あるいは留学推

進を含む政策を次々に展開してきました。

　日本政府の留学者数を大幅に増やす政策には、「グローバル人材[1]」とし
ての日本人育成の強化という狙いがあります。「グローバル人材」の育成は、
グローバル経済における日本の競争力の相対的な低下を懸念する日本の産業
界の危機感やニーズを反映しているからです。グローバル化は、「国民教育
で育成する人材が、すなわちグローバル人材でもなければならない時代に
なっている」(横田, 2012：17) というように、高等教育の目的にも変化をもた
らしています。それはまた、日本の留学支援政策が主に経済成長を支える人
材育成の観点から、展開されていることを示唆していると言えるでしょう。

　米国は、従来、他の先進諸国に比べると、中央 (連邦) 政府 (以下「政府」) 主
導による留学支援政策がほとんどなく、非営利団体の留学エージェントや大
学を会員とする学生交流コンソーシアム等民間セクターによるプログラムの
拡大と充実を背景に、多様な留学機会が提供されてきました。しかし、近年
ではグローバル社会における米国の優位性確保、国家安全保障、経済競争力
の維持、世界的共通課題への取り組み等の観点から次世代を担う若者の国際
競争力向上につながる能力を身につけさせようと、政府主導で留学推進の
政策を打ち出してきています。2012 年、教育省 (U.S. Department of Education) は
"Succeeding Globally Through International Education and Engagement[2]" という報
告書により、米国人学生の国際競争力養成と教育外交を通じた戦略的重点国
家の優先等の目標を定めた初めての国際教育戦略 (期間は 2012 ～ 2016 年の 5 年
間) を発表しました。この戦略の対象期間と呼応するように、米国政府の留
学支援政策が打ち出されたのです。

　まず、バラク・オバマ元大統領が提唱し、国務省が主導する 100,000 Strong
Initiatives があります。中国と中南米への米国人留学者数の数値目標を掲げ、
企業や非営利団体等との協力の下、官民連携により財源を確保し、実施・
運営している点が特徴的です (U.S. Department of State, n.d.-a)。また、Institute of
International Education (以下「IIE」) 主導による米国人の留学者数を倍増する
Generation Study Abroad も開始されました。

　豪州は従来、外国人留学生に対する授業料フルコスト政策の導入を通し

て、ビジネス・貿易モデルという革新的な留学生受入れ制度を構築したこと
で知られています。しかし、ジュリー・ビショップ外相が野党時代（「影の内
閣」の外相を担当）の 2013 年、豪州の国力を高めるには、地域レベルでの影響
力拡大が不可欠であるとして、New Colombo Plan（以下「NCP」）によるインド・
太平洋地域への豪州人留学生派遣拡大を提唱しました（当初は Reverse Colombo
Plan という名称が使われました）。同年の総選挙での連立政権誕生を経て、ビ
ショップが外務大臣に就任したことで、NCP は政府主導の外交政策として
位置づけられるようになったのです。NCP の名称は、1950 年にスリランカ
のコロンボでおこなわれたイギリス連邦外相会議で提唱されたアジアの発展
途上国を支援する政策である Colombo Plan に由来します（DFAT: Department of
Foreign Affairs and Trade, n.d.-a）。この政策を通して、豪州は主に南・東南アジア
の留学生を積極的に受入れ、卒業生の多くは現在出身国の政府や財界の中枢
で活躍しています。これとは逆に、豪州人学生をインド・太平洋地域に送り
出すのが NCP です。

　このように、米国と豪州は、英語圏にある移民国家という利点を生かし、
世界トップクラスの外国人留学生受入れ国となっていながら、近年、自国学
生の留学支援にも力を入れているという国際教育政策上の共通性を有してい
ます。日本も外国人留学生受入れを強化してきた後、外国留学を推進し始め
ている点が共通点です。一方、地政学的な位置づけや政治体制等、国際教育
と高等教育を巡る背景の違いもあります。よって、これら 3 国の政府主導に
よる留学支援政策を概観し、比較分析をおこなう意義は大きいと考えます。

第 1 節　日本の留学支援政策

　学位取得を主たる目的とする長期の留学をする日本人の数が、2004 年以
降減り続ける中、2000 年代の後半から政府として、日本の若者を海外に送
り出す政策の必要性が強く認識されるようになりました。知識集約型経済に
対応できる「グローバル人材」が概念化され、その重要性が政策文書に頻繁
に登場するようにもなりました。しかし同時期に、国立大学協会国際交流委

員会 (2007) や東京大学国際連携本部 (2009) がおこなった調査では、海外留学をしない理由として、経済的問題を挙げる割合が高いという結果が示されています。

　そして上述のような状況に対応すべく、文部科学省の海外留学促進予算が増えていきました。2009 年度、文部科学省の海外留学支援の予算は 6.3 億円にすぎなかったのですが、2015 年度には 92.0 億円にまで増額され、2017 年度以降は 81 億円規模の予算が維持されています。2020 年度の海外留学支援の予算 (80 億円) は、留学生受入れ支援の予算 (261 億円) と比べると 3 分の 1 程度でしたが、日本政府としては「国際化」を軸に日本の大学の国際競争力を高めつつ、海外経験を通じて世界で活躍できる日本人を育成する政策を促進していると言えます。この予算が後述の「海外留学支援制度」による長期 (大学院学位取得型・学部学位取得型) と短期 (協定派遣型) の派遣留学奨学金の原資となっています。

　2009 年、長期留学に対する支援制度 (奨学金制度) は、文部科学省から日本学生支援機構に引き継がれ、「留学生交流支援制度」と名づけられました。同時に、学部レベルで大学間交流と短期の海外留学・研修の促進を図るための短期派遣奨学金が同制度の中で開始されています (長期派遣と短期派遣の 2 本立ての奨学金制度)。2014 年、「留学生交流支援制度」は「海外留学支援制度」と名称を改め、2015 年からは「海外留学支援制度 (長期派遣)」が「海外留学支援制度 (大学院学位取得型)」へ、「海外留学支援制度 (短期派遣)」が「海外留学支援制度 (協定派遣)」へと引き継がれました。さらに 2017 年からは「海外留学支援制度 (学部学位取得型)」も追加され、留学希望者のニーズに対応した制度へと細分化されました。「協定派遣」については、学生交流協定に基づく双方向型のプログラムを対象とする「双方向協定型」と、派遣のみを実施するプログラムを対象とする「短期研修・研究型」に分かれています[3]。2020 年度文部科学省予算によると「協定派遣」については、20,000 人、「大学院学位取得型」については、252 人、「学部学位取得型」については 160 人の受給者となっています (文部科学省, 2020a)。

　留学をする学生だけでなく留学プログラムを提供する大学に対しても、「大

学の世界展開力強化事業」(2011 年〜現在)、「グローバル人材育成推進事業」
(2012 年〜 2016 年) といった国際的な大学間連携をベースとしたグローバル人
材育成型の施策が実施されました。

　「大学の世界展開力強化事業」は 2011 年に始まり、国際的に活躍できるグ
ローバル人材の育成と大学教育のグローバル展開力の強化を目指し、高等教
育の質の保証を図りながら、日本人学生の海外留学と外国人留学生の戦略的
受け入れをおこなうアジア・アメリカ・欧州等の大学との国際教育連携の取
り組みを支援することを目的としています (日本学術振興協会, 2020a)。これは
シリーズ化され、毎年度特定の地域や国を対象として公募がなされています。
補助金の支給期間は 5 年間となっていて、2011 年の本事業開始以来、採択
された全プログラムによって、これまで合計 16,000 人程度の学生が諸外国
に派遣されました (図 2-1 参照)。

　「グローバル人材育成促進事業 (2014 年「経済社会の発展を牽引するグローバル
人材育成支援」に改称)」は 2012 年から 2016 年まで実施されました。若い世代
の「内向き志向」を克服し、国際的な産業競争力の向上の基盤として、グロー
バルな舞台に積極的に挑戦し活躍できる「人財」の育成を図るため、教育の
グローバル化を推進する取り組みをおこなう大学に対して、重点的に財政支
援することを目的としています。また、この事業による支援対象は、「グロー
バル人材育成推進会議中間まとめ」(グローバル人材育成推進会議, 2011) による
グローバル人材としての 3 つの要素である (1) 語学力・コミュニケーション
能力、(2) 主体性・積極性、チャレンジ精神、協調性・柔軟性、責任感・使命感、(3)
異文化に対する理解と日本人としてのアイデンティティに加え、今後の社会
の中核を支える人材に共通して求められる、(a) 幅広い教養と深い専門性、(b)
課題発見・解決能力、(c) チームワークとリーダーシップ、(d) 公共性・倫理観、
(e) メディア・リテラシー等の能力の育成を目指し、大学教育のグローバル
化を推進する取り組みとなっています。この方針に従い、2012 年にタイプ
A「全学推進型」11 件 (大学)、タイプ B「特色型」31 件 (学部等) が採択されまし
た[4]。"Go Global Japan" とも呼ばれるこの 5 年間の支援事業を通して、タイ
プ A では合計 36,500 人が、タイプ B では 22,000 人の学生が海外の大学に留

学しました（日本学術振興会, 2018）（図 2-1 参照）。

　上述の留学支援政策は、2012 年 12 月の政権交代を跨いで継続されました。政権交代後に発表された「日本再興戦略」では、日本人の海外留学者数について、2020 年までに約 6 万人（2010 年）から 12 万人へ倍増させるという目標を掲げています（首相官邸, 2013）。その方針をより具体化するために、2014 年、文部科学省をはじめとする関係府省庁は、「若者の海外留学促進実行計画」を策定しました。2020 年までに海外留学者数を倍増するという目標達成に向けて、留学を阻害する要因を総合的に取り除きつつ、留学機運の醸成、留学の質の向上、就職支援等に関する施策を関係府省庁が一体的・戦略的に実施するとしています。そして、留学を強力に推進することが社会で求められる国際的な資質と能力を備えた人材を育成することになるとまとめています（内閣官房・内閣府・外務省・文部科学省・厚生労働省・経済産業省・観光庁, 2014）。

　また、2013 年、文部科学省は留学気運の醸成を目的として留学促進キャンペーン「トビタテ！留学 JAPAN」を開始し、翌 2014 年からは、日本学生支援機構及び民間企業との協働で「グローバル人材育成コミュニティ」を形成し、「官民協働海外留学支援制度〜トビタテ！留学 JAPAN 日本代表プログラム〜」（以下「トビタテ」）と称する留学奨学金制度を実施しています。これは官民協働でグローバル人材を育成することを目標に、日本の高等教育機関に在籍する学生に対し、産業界からの意向を踏まえ、実践的な学びを焦点に (1) 理系、複合・融合分野における留学、(2) 新興国への留学、(3) 世界トップレベル大学等への留学、(4) スポーツ、アート、国際協力など様々な分野で活躍することが期待できる人材（多様人材）の留学に奨学金を支給しているものです[5]。2014 年の第 1 期生から 2020 年の第 12 期生までの合計で 5,630 人（347 校）の大学生に奨学金が支給されました（文部科学省, 2020b）。

　一方、経済支援だけで留学を奨励するのは十分ではなく、日本特有の就職活動の早期化・長期化や諸外国との学事暦の違いが学生の留学意欲を削いでいるという指摘を受け、産業界では、採用活動の後ろ倒しや大卒者採用方法の多様化（新卒一括採用方式だけでなく、通年採用の導入）が検討され[6]、大学では、秋入学やクォーター制が導入されつつあります。しかしながら、政府による

		2008	2009	2010	2011	2012	2013	2014	2015	2016	2017	2018	2019	2020	2021	2022	2023	2024
1	日本再興戦略（海外留学者数を倍増）						海外留学者数：120,000											
2	大学の世界展開力強化事業（双方向の学生交流を支援）						実際の事業は以下の各プログラムを参照											
	キャンパス・アジアとアセアン諸国				13 プログラム　送出し：1,687; 受入れ：1,867													
	北米等と EU				12 プログラム　送出し：2,484; 受入れ：1,673													
	アセアン諸国					14 プログラム　送出し：3,045; 受入れ：3,631												
	アセアン諸国（AIMS プログラム）						7 プログラム　送出し：746; 受入れ：759											
	EU (ICI-ECP)						5 プログラム　送出し：69; 受入れ：61											
	ロシアとインド							9 プログラム　送出し：1,086; 受入れ：1,130										
	中南米諸国とトルコ							11 プログラム　送出し：1,159; 受入れ：1,295										
	キャンパス・アジアとアセアン諸国									25 プログラム　送出し：3,279; 受入れ：3,789								
	ロシアとインド										9 プログラム　送出し：1,157; 受入れ：1,084							
	米国（COIL: Collaborative Online International Learning）											9 プログラム　送出し：1,954; 受入れ：1,387						
	EU												3 プログラム　送出し：82; 受入れ：102					
	アフリカ諸国													8 プログラム　送出し：未公開; 受入れ：未公開				
3	グローバル人材育成促進事業（経済社会の発展を牽引するグローバル人材育成）：海外留学支援					タイプ A（全学推進型）：11 校　タイプ B（特色型）：31 校　送出し：58,500												
4	スーパーグローバル大学創成支援事業（包括的国際化を支援）							タイプ A（トップ型）：13 校　タイプ B（グローバル化牽引型）：24 校										

注：対象地域・国（第2項の左側見出し）

出典：首相官邸（2013），日本学術振興会（2018, 2020a, 2020b）をもとに筆者作成。

注：1. キャンパス・アジア：CAMPUS Asia とは、Collective Action for Mobility Program of University Students を略したもの。日本、中国及び韓国の 3 カ国政府が共同で大学間の質保証を伴う交流を拡大し、学生や教員の留学・移動を促進するとともに将来の東アジア地域の発展を担う人材育成に取り組む構想。

2. AIMS：AIMS とは、ASEAN International Mobility for Students Program を略したもの。2010 年に開始した、マレーシア・インドネシア・タイの各政府共同による学生交流支援事業で、現在はベトナム、フィリピン、ブルネイ、日本が加盟している。

3. ICI-ECP：ICI-ECP とは、Industrialised Countries Instrument - Education Cooperation Programme を略したもの。日本政府が欧州連合（EU）と実施する教育連携プログラムの一環として、日本の大学等 2 機関以上と欧州の大学等 2 機関以上が共同で実施する学生交流プロジェクト（ICI-ECP）を、EU と共同で実施するもの。

図 2-1　日本政府の外国留学支援政策と数値目標

政策的な留学推進の効果を上げるためには（留学者の量的な増加と留学の質的な向上を実現するためには）、留学によって得られた学生の経験と獲得された知識、技能、学位が雇用者によって正当に評価される必要があります。日本社会全体での意識改革、及び人事制度を含む人材育成方法の見直しと多様化が同時に求められていると言えます。

　また、国家財政がひっ迫しているにもかかわらず、留学の奨学金が突出して増えていることから、投資対効果に対する懸念も聞かれます。具体的には、文部科学省の奨学金により、大学在学中の短期留学が増加していますが、その6割強が1か月以内の留学であることが問題視されています（**図2-2**参照）。1か月程度であれば、留学というより、短期の海外研修あるいは研修旅行としてとらえられているからです。総務省 (2017) による「グローバル人材育成の推進に関する政策評価」においては、語学力、異文化理解力、多様な価値観の受容といった能力を涵養するという点から、約8割の企業が6か月以上の留学期間が必要と見ていますが、大学在学中の日本人学生の海外留学経験者は、その約8割が6か月未満の短期留学（かつ多くは1か月未満）であり、企業ニーズとのミスマッチが起きていると指摘しています。その上で、短期留学がグローバル人材育成に対していかなる効果を持つのか、十分な検証が必要と警鐘を鳴らしているのです。急激に増加した奨学金は海外留学の裾野を拡げることには貢献していますが、いわゆる「ばら撒き」に終わることなく、広がった裾野からグローバルな頂点を目指す学生（人材）をどう生み出すか（短期留学から長期留学への誘導を含む）という新たな課題が浮かび上がっています。

　先述の「グローバル人材育成促進事業」は、2014年、「経済社会の発展を牽引するグローバル人材育成支援」に組み替えられ[7]、「スーパーグローバル大学創成支援」とともに「スーパーグローバル大学等事業」に組み込まれました。「スーパーグローバル大学創成支援」は2014年に開始され、日本の高等教育の国際通用性と国際競争力の向上を目的に、海外の卓越した大学との連携や大学改革により徹底した国際化を進める大学に対し、様々な制度改革と組み合わせて重点支援をおこなう事業です。タイプAのトップ型は、世界

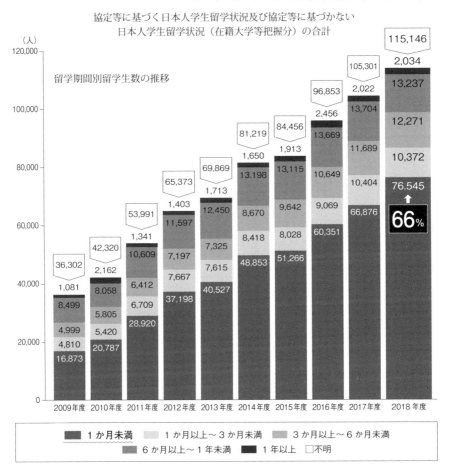

協定等に基づく日本人学生留学状況及び協定等に基づかない
日本人学生留学状況（在籍大学等把握分）の合計

留学期間別留学生数の推移

図2-2　日本の大学在籍中の外国留学者数

出典：文部科学省（2020c）

レベルの教育研究をおこなうトップ大学（世界大学ランキングトップ100を目指す力のある大学）が対象で13件が採択され、タイプBのグローバル化牽引型は、国際化を牽引するグローバル大学（日本社会のグローバル化を牽引する大学）が対象で、24件が採択されました[8]。採択された大学は、徹底した大学改革と国際化の断行のためあらゆる取り組みを実施することが求められ、それらの取り組みを国が支援することにより、日本のリーディング大学の教育研究

90

環境整備がグローバルな水準で進むものと期待されています（日本学術振興会,
2020b）。全ての採択大学は、派遣（海外）留学生数の目標値を掲げており、海
外留学促進を強化しています。

第2節　米国の留学支援政策

　本節では、米国の留学支援政策について、100,000 Strong Educational
Exchange Initiatives の下で実施された 100,000 Strong China（以下「100K-SC」）と
100,000 Strong in the Americas（以下「100K-SA」）を概観します。加えて、留学者
数倍増（30万人から60万人へ）計画である Generation Study Abroad（以下「GSA」）
についても概要をまとめておきます。

2.1　100,000 Strong China

　2009年、オバマ大統領が訪中した際、2010年からの4年間に10万人の米
国人学生を中国に留学させる 100,000 Strong Initiatives SC を発案しました。若
者の人的交流を通して米国と中国の相互理解を深めることが世界平和と安定
の上で重要な役割を果たすとして、米国における中国の文化・社会に精通す
る人材育成の必要性が説かれたのです。翌2010年にヒラリー・クリントン
国務長官が訪中した際に、中国当局との間で正式に覚書が交わされ、国務省
の主導により 100K-SC として始動しました（US-China Strong Foundation, n.d.）。

　100K-SC に対して、中国政府からは4年間に1万人以上の中国人学生を米
国の大学院博士課程に派遣する計画、及び中国語研修プロジェクトに参加す
る米国人学生1万人に奨学金を給付することが盛り込まれました。また、米
国内の企業や財団から少なくとも1,400万ドルの民間資金が拠出され、国務
省は米国の大学学長に対して中国への留学者倍増への協力を依頼しました。
加えて、2013年には持続的に中国留学を推進することを目的とした非営利
団体 100,000 Strong Foundation（以下「100K-SF」）を設立しました。一方、2020年
までに外国人留学生数を50万人に増加するという政策を進める中国政府も
積極的な支援姿勢を示し、中国の大学に留学する米国人学生2,000人に奨学

金を支給することを表明しました (Belyavina, 2013; 白土, 2015)。中国側の統計によると、中国の大学に留学する米国人は、短期留学生など非学歴 (学位) 課程を含むと、2009 年時点で年間 18,650 人でした (白土, 2015)。この時点で、すでに中国は米国人にとって、欧州以外の地域で最も人気の高い留学先であり、年間 2 万人弱が留学していたことを考慮すると、4 年間で合計 10 万人の中国留学者数という米国の数値目標は、妥当なものであったと言えるでしょう。当該留学者数が 2014 年には年間 27,000 人以上に達し、国務省は 4 年間で 10 万人の米国人学生を中国に留学させる 100K-SC の目標は達成されたと発表しました (US-China Strong Foundation, n.d.)。

　政府主導の政策を推進する 100K-SF は、それ自体が奨学金プログラムを提供・運営している訳ではありません。中国留学支援を表明するコミュニティ・カレッジを含む大学、中国やアジアへの留学を推進してきた留学支援団体や慈善団体、さらに米中政府関係者等、従来、個別に活動してきた機関や団体に政府の後ろ盾という公的お墨付きを付与することで、大規模な米中学生交流ネットワークとして結び付ける役割を果たした点に特徴があります。

　100K-SF が中国留学推進の中心組織として、多くの教育団体・機関と提携して中国への豊富な各種奨学金プログラム情報をまとめて提供し、学生の中国留学への興味喚起と認知度向上を図ることで、それまで必ずしも留学推進の対象とはみなされなかったコミュニティ・カレッジの学生、マイノリティ学生、大学進学第一世代の学生[9]、低所得者層出身の学生の留学需要の掘り起こしにもつなげた訳です (Belyavina, 2013)。また、著名な米国の大企業が 100K-SF 設立当初から支援を表明し、米国の経済発展における中国の重要性や中国に精通した人材の必要性を強調したことで、中国留学や中国でのインターンシップ参加が就職にも有利に働くとの認識を学生の間に拡げることにも貢献したと見られます。政策名を冠した留学プログラムを新しく期間限定で作るのではなく、既存の民間団体や公的機関とパートナーシップを構築することで中国留学推進の資源を獲得し、幅広いキャンペーンにより留学需要を喚起する手法は、その後の 100K SA にも引き継がれていきます。

　2015 年に中国の習近平国家主席が米国を訪れた際、オバマ大統領は新た

な目標として「2020 年までに 100 万人の米国人に中国語を学ばせる」という 1 Million Strong を発表しました。ここでは対象を大学生から小中高校生まで拡大し（大学生よりも小中高校生が主な対象層）、初等・中等教育における中国語学習の標準カリキュラムの開発や中国語教員の倍増等を目標として掲げました。こうした政策内容の変更に伴い、100K-SF は、2016 年に US-China Strong Foundation へと名称を変更しています（US-China Strong Foundation, n.d.）。

本政策の数値目標は達成されましたが、Stetar & Li (2014) は以下の課題を指摘しています。

- IIE の Belyavina による 2013 年の報告書によれば、米国側の統計で 2011 年に中国留学した 26,686 人の米国人学生のうち、20,000 人以上は短期留学か研修旅行の参加者である[10]。10％以下の 2,184 人のみが学部か大学院の学位課程への留学であり、その多くは英語を教授言語とするプログラムへの参加である。
- 米国人学生は中国の大学において他の米国人学生や英語話者とばかり固まって行動しているとの現地学生の声もあり、中国人学生との相互理解という目標の達成は限定的と見られる。

Belyavina（2013）も米国の大学関係者への調査結果として、短期留学・研修の方が学生の人気が高く、今後その需要はさらに伸びるだろうと予測しています。また、中国留学の障壁としては、経済的問題（43.5%）と言語の壁（42.0%）の 2 つが全体の 85％強を占めました。中国は世界第 2 位の経済大国でありビジネス面でも米国経済に大きな影響をもたらすため、学生にとって中国留学やインターンシップ参加は、エンプロイアビリティ（employability: 雇用され得る能力）を高めるという動機が働きます。しかし、米国人にとって中国語の習得は極めて困難であり（特に大学入学後に初習言語として学ぶ場合）、中国語能力を伴わない学生の中国留学を短期間に増加させようとする場合、その選択肢は数週間程度の短期留学、語学研修、研修旅行、インターンシップといったプログラムか、長期であっても英語による課程に限定されるのが現実です。

したがって、中国の文化や言語に精通した人材育成という当初の政策目標が達成された、と言えるかどうかについては疑問が残ります。また、US-China Strong Foundation のウェブサイトでは、米国から中国に 10 万人が留学したという目標達成が記載されているのみで、10 万人の留学形態の内訳や数値目標がどのような方策で実現されたかといった詳細は明示されていません。2015 年に発表された 1 Million Strong は、初等・中等教育時からの中国語学習者増加を主要な目的としており、事前の言語修得を伴わなければ高等教育での留学効果も限定的であるとの反省に基づき考案されたものと考えられます。

2.2　100,000 Strong in the Americas

　西半球(南北アメリカ大陸)の将来的共存と繁栄を掲げ、2011 年にオバマ大統領がチリ訪問時に発表した政策が 100K-SA です。将来のリーダーでありイノベーターでもある学生を相互に留学させ、同地域が直面する安全保障、経済問題、社会問題、環境問題等に国境を越えて協働して解決に取り組める人材の養成を目的としています。具体的には、中南米・カリブ諸国(以下「中南米」)に留学する米国人学生数(当時 4 万人)、及び同地域から米国への留学生数(同 6 万 4 千人)を 2020 年までに双方向共に年 10 万人にするという数値目標を掲げていました (U.S. Department of State, n.d.-b)。100K-SC では、4 年間にのべ 10 万人を留学させることが目標だったのに対し、100K-SA では「年間(単年度)の」留学者数を 10 万人にすることが目標となっていました。国務省が主導する官民連携をベースにした政策である点では 100K-SC と同様です。

　この政策の背景として、米国にとって中南米の地政学的重要性が非常に高いことが挙げられます。米国ではヒスパニックの人口が 5 千万人を超え、文化的、民族的ルーツの強い地域である上に、米国の輸出の約 40％は中南米向けという事情があります。また、過去 10 年で 5 千万人が中産階級に成長し、2060 年までに南北アメリカ大陸の人口は中国を超えるとも予測されています。米国にとって地理的近接性も高く、成長の可能性が高い同地域との関係を強化するためには、若者同士の相互理解を深め、協働して地域の将来発展につなげることが必要であると国務省は主張しています (U.S. Department of State, n.d.-b)。

　国務省は官民連携による本政策の推進・運営主体として、国際教育におけ
る世界最大の非営利団体である NAFSA: Association of International Educators、
及び南北アメリカの開発協力に 45 年の実績を持つ非営利団体 Partners of the
Americas と連携協定を結び、協力企業・財団等が提供する奨学金とそれを希
望する高等教育機関とのマッチングをおこなっています。この三者の協力体
制を維持しつつ、国務省は 2014 年、本政策のさらなる推進のため非営利団
体 100,000 Strong in the Americas Innovation Fund（以下「100K-SAIF」）を設立しま
した。同基金の設立には、米国の大企業や財団等からの寄付金を含む 100 万
ドルが拠出されました (U.S. Department of State, n.d.-b)。

　100K-SC の実施主体であった 100K-SF は奨学金プログラムの提供や運営に
は直接関与していなかったのに対し、100K-SA では 100K-SAIF が民間の寄
付金や公的資金を元にしたプログラムにマッチング機関として関与してい
る点が特徴的です。具体的には、100K-SAIF が企業、財団、公的機関から資
金を募り、資金を提供する企業等が提示する趣旨に沿ったプログラムを大
学が提案する、いわゆる競争的資金事業のコンペ方式を採用しています (学
生に対する奨学金プログラムではない)。企業等が資金提供額、テーマ (STEM 分
野を対象にする等)、対象エリア (中南米の特定の国に限定する場合もあり)、対
象教育機関 (大学のみか、コミュニティ・カレッジも含むのか、もしくはコミュニ
ティ・カレッジのみか) 等を設定できます。複数の大学による共同申請も可能
ですが、必ず米国と中南米諸国の大学が一つずつ含まれている必要がありま
す。100K-SAIF のウェブサイトを通して公募がおこなわれ、大学が申請書を
作成してウェブサイトから提出、その後 100K-SAIF と資金提供者による書類
選考を経て、受給大学が決定されます。申請大学は 100K-SAIF が組織する
"Innovation Network" に加入することが義務づけられており [11]、申請の時点で
100K-SAIF のネットワークに組み入れられる仕組みとなっています (100,000
Strong in the Americas Innovation Fund, n.d.)。

　100K-SAIF (2020) によると、2014 年の 100K-SAIF 設立以来、243 件 (1 件あた
り 25,000 ドルから 35,000 ドル) の補助金が 25 カ国、491 の高等教育機関に支給

されました。同資料には、採択された各プログラムの大学名と概要が短く記載されているのみで詳細は不明ですが、サマー・プログラムやフィールド・スタディといった記載が多く見られることから、短期留学（交流）プログラムが相当数含まれていると考えられます。また、マイノリティや大学進学第一世代の学生を中心に留学機会を与えるとの記載も多く見られます。

　課題としては、競争的資金のコンペ方式を取っているが、補助金提供は当該年度のみであるため、その後も自立的に米国と中南米の大学との間で学生交流が継続されるかという点が挙げられるでしょう。また、2020 年が目標達成期限とされていますが、その後も持続的に企業等が資金提供を続けてくれるかという点も不透明です。

　100K-SA に対する批判的考察を含んだ記事や論考は見当たりませんでしたが、100K-SC と同様に短期留学プログラムが多く含まれているものと思われます。採択されたプログラムの概要には、米国の大学の教員が引率するもの（フィールドワーク等）も散見しており、現地語（スペイン語またはポルトガル語）で学んだり、交流したりする機会は限定的と見られ、交流の質を高めていくことも今後の課題でしょう。

2.3　Generation Study Abroad

　Generation Study Abroad（GSA）は、2014 年に IIE が産官学協働で立ち上げた 5 年間の留学支援政策です。2011/12 年度で 29.5 万人だった米国人留学生数を 2019/20 年度までに 60 万人に倍増させることを目標としていました[12]。GSA における留学の定義は、参加者の母国外で実施される教育であり、一般的な留学だけでなく、学びの目標が相当程度設定されている国際経験全般を含むプログラムとしており、例として、職業体験、ボランティア、単位付与のないインターンシップ、フィールドワーク等が挙げられています。前述の 2011/12 年度の留学者数もこれら全てを含んだ数値です（IIE, n.d.-a）。29.5 万人という留学者数は、毎年、米国で学士または準学士を取得して卒業する学生 260 万人の 10 ％程度であり、将来グローバル経済で活躍できる人材、及びグローバルな課題に取り組める人材を養成するには不十分な数字である

としています。その上で、多くの雇用者が今後採用したい人材像として、専門知識に加え、異文化適応能力や異なる文化的・民族的背景を持つ人々と協働できるスキルを持った者、さらに外国語能力や異文化理解力を身につけた者を挙げており、こうした能力やスキルを磨くには留学が最も有効であり、将来のリーダー養成を考えると、留学は学位課程教育の不可欠な要素になるべきであると強調しています（IIE, 2014）。

2016年現在でGSAに賛同するパートナーは700を超え、数値目標達成のために機関ごとに計画を立案・実行しています。パートナーには米国の408大学、世界50カ国の189大学、23の教育関係団体、100を超える小中高等学校と留学支援機関、18カ国の政府系機関、米国国務省教育文化局が含まれています[13]。GSA開始時にIIEが200万ドルの拠出を表明した他、米国の大学や留学関係団体が2019/20年度までに総額1.85億ドルの留学財政支援（奨学金やプログラム開発費）をおこなうことを目標として掲げていました（Bothwell, 2015）。

IIEのポータルサイトにおいて、GSAは提携する国内外の企業や政府機関が提供する200以上の奨学金プログラムの情報を掲載しており[14]、当サイトの検索ページに留学したい国や学びたい分野を入力すると対象の奨学金が表示される仕組みとなっています。100K-SAは大学単位で補助金プログラムに申請するコンペ方式であるのに対して、GSAは基本的に学生個人が希望する奨学金に申請する方式です。また、大学生だけでなく、研究者、教員、社会人、小中高生等を対象とした奨学金も含まれています。ただし、IIE Generation Study Abroad Travel Grants[15]のようなIIEが提供する奨学金を除けば、各奨学金のサイトで詳細を確認の上、各自で申請するよう促すものが多く、IIEが申請の受付や審査に深く関与している訳ではありません。2019年だけで29,000人がIIEの紹介する奨学金プログラムで留学したとしていますが（IIE, 2020a）、こうした提携企業・団体による奨学金プログラムの情報提供は、IIEの従前からのサービスであり、GSAを構成する一部にすぎません。これに加えてパートナー機関・団体が留学促進の取り組みを個別におこない（各機関が独自に財源確保）、留学への機運を高め、米国全体の留学者数を倍増

させようというのが GSA の戦略です。

　GSA は、「留学は高価でエリート学生向けの特別なもの」という観念を打破し、「留学は一般的なもので、かつ必須なものになりつつある」という親近感及び通用感を浸透させることも目的の一つとして掲げています。その一環として、従来、海外留学者数が相対的に少なかった層への留学機会拡大にも注力しており、マイノリティ、大学進学第一世代、移民の子女、低所得者層出身等の学生への留学機会拡大をパートナー大学に呼びかけています（IIE, n.d.-b）。また、ソーシャル・メディアの活用にも積極的で、留学経験者に動画コンテストへの参加を呼びかけたり[16]、"Global Competencies"[17] というブログで留学経験者の内省や大学教職員による留学アドバイスを紹介したりといった、学生に留学を身近に感じてもらうための取り組みが展開されています。

　2019 年時点での GSA の成果として IIE (n.d.-a) は、Open Doors2019 のデータを参照しながら、以下の点を挙げています。

- GSA のパートナー大学では 2013 年以降の留学者が 29％増加。全米の 21％増、GSA に加盟していない大学の 10％増を上回った。
- 米国人留学者全体の 54％が GSA のパートナー大学からの留学であった。
- 米国人留学者が一人でもいた大学の 33％が GSA のパートナー大学であった。
- 単位取得を伴わない留学（インターンシップ、ボランティア、研究などの活動を含む）をした学生全体の 53％が GSA パートナー大学の在籍者であった。

　5 年で留学者数を 60 万人に倍増させるというのは、相当に野心的な数値目標であり、その目標達成のためフィールド・スタディのような超短期留学が相当数増えていくものと思われます。GSA は、エンプロイアビリティ（雇用され得る能力）向上を留学のインセンティブとして多用していますが、数週間の留学でそのような能力が習得できるとは考えにくく、今後、政策目的と

の整合性及び費用（投資）対効果が問われる可能性もあります。また GSA は、100,000 Strong Initiatives のように大統領や国務長官が先頭に立って、強いリーダーシップの下、トップダウンでキャンペーンを展開している訳ではなく、大学を始めとする既存の機関や団体の協力によるボトムアップで政策を推進しています。そのため、これまで留学に熱心でなかった大学や学生に対して、GSA をどれだけ普及させられるか、が成功の鍵を握っていると言えるでしょう。さらに、パートナー大学や団体による個別の取り組みや財源に負う部分も多く、継続的な協力を多くのパートナーから得られるかどうかも課題となっています。

第 3 節　豪州の留学支援政策

2013 年、豪州政府は New Colombo Plan（NCP）を政府主導の外交政策と位置づけ、5 年間で 1 億豪ドル[18] の支出を決定し、インド・太平洋地域へ 30,000 人の学部生を派遣するという数値目標を立てました。翌年、4 カ国・地域（日本、香港、シンガポール、インドネシア）を対象にパイロット・プログラムとして NCP は始まり、2015 年からは対象をインド・太平洋地域の 40 カ国・地域に拡大して本格実施となりました。外務貿易省（DFAT）（DFAT, n.d.-a）は、NCP の主な目的かつ目標として、次の 4 つを示しています。

①政府による重点的な取り組みとして、豪州の大学の学部生を対象に、インド・太平洋地域へ留学して、インターンシップを経験する新しい機会を提供する。②インド・太平洋地域の事情に深く精通した人材を育成することにより、当該地域における諸国と豪州との関係を個人、学術、ビジネスの各レベルで強化する。③豪州の大学の学部生が、国内とインド・太平洋地域の経済発展に貢献できるようなスキルと職業体験を得られるようにする。④豪州人学生にとってインド・太平洋地域への留学が、将来、当然の通過儀礼（rite of passage）となり、豪州全体で高く評価される教育活動となるようにする。

現在、NCP は毎年 1 万人程度の豪州人学部学生の留学を支援しており、2020 年末までには、NCP を受給して留学した学生の総数が 4 万人に達する

と言われています (Tran and Rahimi, 2018)。

　NCP は、外務貿易省が主導する (管理運営は教育訓練省が担当) 初めての留学生派遣事業であり、国際教育という枠組みを越え、豪州政府の重点的外交政策 (economic and public diplomacy) として明確に位置づけられています。優秀な若者 (大学の学部生) が、留学・インターンシップを通じてインド・太平洋地域の言語や文化を深く理解し、人的ネットワークを構築することで、当該地域における豪州の存在感をソフト・パワーにより拡大していくことが狙いとなっているのです。高い功績と知名度を持つ Colombo Plan の名称を引き継ぐことでプログラムに威厳と信頼性を持たせ、政府主導の国を挙げた政策として推進しています (Byrne, 2016)。また、NCP は、学生の "to live, study and undertake work placements" を通してインド・太平洋地域に対する理解を包括的に深めることを目的としているため、大学への留学に限定せず、インターンシップを取り込んでいる点に特徴があります。そして、学生の職業体験を将来的な豪州の経済発展につなげることを NCP の目的に組み込むことで、当該地域でのインターンシップの機会や資金提供について経済界から幅広く協力を取り付けています (DFAT, n.d.-a)。

　政府により本事業の同窓生と協力企業のネットワーク構築が謳われており、NCP 修了生は Alumni Program に登録することで、企業関係者とのネットワーキングやビジネス・スキル開発イベント等への参加が可能となっています。加えて、2017 年からは、Alumni Ambassadors という取り組みが始まっています。大学ごとに一人の Alumni Ambassador が選出され、学内やコミュニティにおいて、インド・太平洋地域での留学体験や当該地域との関係構築の重要性を伝えていく役割を担っています (DFAT, n.d.-b)。

　NCP は、Scholarship Program と Mobility Program の 2 つで構成されており、その概要は**図 2-3** のとおりです。

　ビショップ外相の強力なプロモーション活動により、NCP は社会に大きなインパクトを与え、アジアへの留学がかつてないほど注目を集めることとなりました。豪州の留学支援事業は、NCP 以前と以後では社会の認知度も大学関係者の関与も大きく変化したと認識されています (Malicki, 2015)。一方、

	Scholarship Program	Mobility Program
募集定員	定員の規定なし（全体で 2,200 万豪ドルの拠出可能との記載あり）	定員の規定なし（全体で、2,800 万豪ドルの拠出可能との記載あり）
派遣実績	計 313 名（2014 〜 17 年）	計 17,250 名以上（2014 〜 17 年）
対象	18 〜 28 歳の豪州市民で、大学の学士課程に在籍する学生。通算の学業成績が 70％以上の評価を得ていること。	18 〜 28 歳の豪州市民で、大学の学士課程に在籍する学部生（28 歳以上も認める場合あり）。各大学において、障害者、アボリジニ等先住民学生、低所得者層出身学生の参加を推奨することが求められている。
期間	最短 3 ヵ月〜最長 19 ヵ月	最短 2 週間〜 1 セメスター
内容	インターンシップのみは不可で、ホスト大学での単位互換可能な授業履修（留学）が必須。これにインターンシップや語学研修を組み合わせる。	留学、語学研修、実習、臨床実習、インターンシップ、研究のうち一つまたは複数の組み合わせで構成されていること。長期休暇中の集団研修として申請する大学が多い。
奨学金支給額	●授業料：年間 2 万ドルが上限 ●語学研修費が別途必要な場合：1,500 豪ドルまで支給 ●旅費、初期費用：2,500 豪ドル ●毎月の諸経費：2,500 豪ドル ●健康保険、旅行保険は実費を支給	●短期研修（インターンシップのみを含む）：1,000 〜 3,000 豪ドル ●セメスター留学：3,000 〜 7,000 豪ドル ●インターンシップ：セメスター留学参加者がインターンシップにも参加する場合、追加で 1,000 豪ドル支給
選考基準	●学業面の成績・実績（25％） ●コミュニティにおけるリーダーシップの実績（30％） ●適応能力・柔軟性・苦境からの回復力（20％） ● NCP の目的・趣旨の理解とそれに対して貢献できる能力（25％）	●インド・太平洋地域への理解を深められる内容か（30％） ●受入れ国とのパートナーシップを強化し、持続可能な内容か（30％） ●豪州と受入れ国で NCP のプロモーションにどのように貢献できるか（5％） ●太平洋地域での勉学やインターンシップを含んでいるか（10％） ●セメスター留学を推進しているか（5％） ●語学研修を含んでいるか（5％） ●インターンシップを含んでいるか（5％） ●企業との協力関係が構築されているか（資金援助やインターンシップ受入れ等）（10％）

出典：About the New Colombo Plan（DFAT, n.d.-a），Scholarship Program Guidelines 2021（DFAT, 2020a），Mobility Program Guidelines 2021（DFAT, 2020b）をもとに筆者作成。

図 2-3　NCP の Scholarship Program と Mobility Program の概要

Byrne (2016) は、NCP の課題を以下のとおり指摘しています。

- 対象は 40 カ国・地域とインド・太平洋地域を広範にカバーしているが、実際の派遣先としては、シンガポール、香港、日本、インドネシア等一部の国・地域に集中している。また、発展途上国ではそもそも留学生やインターンシップ学生の受入れ先が限られていることから、派遣先の地域的バランスを図るのが極めて困難である(学生が留学したい国と政府が多くの学生に留学してもらいたい国との間にギャップがある)。
- 長期留学が推奨されているが、アジア諸国においては、英語ベースで学生を長期間受け入れるインフラと資源が十分整っておらず、実現性の高い短期留学に集中しがちである。
- NCP は外交政策として位置づけられているが、大学の留学プログラムとそれに参加する学生によるソフト・パワーが豪州のインド・太平洋地域における economic and public diplomacy にどの程度貢献しているか、どのような中長期的インパクトをもたらすかを検証するのは容易ではない(有効な評価手法が確立されていない)。
- NCP は長期的目標を掲げているため事業の持続可能な発展が不可欠であるが、現状、財源が確保されているのは当初の年間のみである。今後の成果検証を経て、NCP が 2019 年以降も継続的に実施されるのか、政権交代により中断されることなく安定的・長期的に運営されるかは不透明。

第 4 節　考察とまとめ

　日本、米国、豪州の留学支援政策について論じてきましたが、3 カ国の共通点として次の 3 点が挙げられます。第一に、高い数値目標を掲げており、それを達成するためには、留学の裾野を拡大する必要があり、そのための方策として、短期留学の増加、並びに留学者と留学プログラムの多様化、加えて留学プログラムの柔軟性の拡大を図っていることです。留学者数を増やす

という点で短期留学は確かに効果的です。特に、学士 (学位) 取得留学が一般的ではない英語圏では、外国留学や国際学生交流と言えば、主に短期留学を指すという傾向とも合致しています。ただし、数週間の短期留学で意味ある学習成果が得られるかどうかについては疑問が呈されています。留学者の多様化では、米国と豪州は、これまで主に経済的理由で留学機会に乏しかった層を積極的に留学させようという趣旨で、大学進学第一世代、移民の子女、マイノリティ、低所得者層出身等の学生の留学を促進しています。日本の留学を支援する政府系奨学金の拡大も、経済的理由から留学できなかった学生に、その機会を与えるという点では同様の趣旨を共有していると言えます。

　留学プログラムの多様化と柔軟性拡大について、米国と豪州は、従来、留学者数に関する統計の対象は、大学での単位付与が前提とされてきたことを、多様な留学形態の広がりに対応できていないと指摘しています。単位取得を伴わない数週間の語学・文化研修、インターンシップやボランティア活動、教員主導によるフィールド・トリップ等の外国での学習経験においても、相当程度の学習成果が設定されているものについては留学と幅広くとらえ、留学者数として把握することを提唱しています。さらに、留学は選ばれた学生向けの特別なものではなく、広く一般の学生に開かれたものであるという意識の変革を訴え、留学を大学教育 (特に学士課程) における不可欠な要素として位置づけることを主張しています。これらの動向は「留学の再定義」とも言えるでしょう。日本では、従来、留学といえば学位取得留学が中心であり、近年、文部科学省が国内の大学に在学する学生を対象に、2万人を超える短期留学 (単位取得目的が中心) の奨学金を毎年支給していることは、留学の多様化を推進しているとも言えるでしょう。また、トビタテは、学生個々人のユニークな留学プランも対象としており、留学の柔軟性拡大に寄与しています。

　第二に、留学を通してグローバル経済で活躍できる人材を育成することにより、国の経済発展に貢献するという政策目的 (目標) を掲げている点です。これにより、官民連携 (産官学協働) で留学を推進する取り組みが可能となり、奨学金や留学プログラム開発のために必要な資金やインターンシップ先の提

供について経済界から協力を得ています。米国と豪州は、それに加えて、留
学によって得られる能力やスキルがエンプロイアビリティ（雇用され得る能
力）を向上させるというレトリックによって、学生の留学に対する意識を啓
発しています。留学のインセンティブとして、エンプロイアビリティの向上
を学生に提示する動きは欧州等でも広がっていますが、短期間の留学である
限り、先述の学習成果と同様に、その向上は限定的であると思われます。日
本では前述のとおり、総務省(2017)がグローバル人材育成の推進に関する政
策評価をおこなっており、企業側は、語学力、異文化理解、多様な価値観の
受容といった能力の育成には6カ月以上の留学期間が必要という認識であり、
大学在学中の1カ月程度の短期留学者の大幅な増加と企業のニーズの間には、
ミスマッチがあると指摘しています。

　第三に、グローバル経済で活躍できる人材養成という大きな理念を掲げた
留学支援政策であり、長期的な取り組みが求められるにも関わらず、期間限
定の施策となっている点です。施策によって、留学推進のための事業立ち上
げに必要な資金をシードマネーとして支給し、施策終了後は大学や民間団体
が自立的に運営することを政府は期待していると思われますが、日本におけ
る文部科学省の大学国際化関連の競争的資金事業（大学の世界展開力強化事業
等）を見ればわかるとおり、施策終了後に大学が自ら資源を確保して事業を
継続することは非常な困難を伴うものです(太田, 2016)。また、こうした中央
(連邦)政府主導の外交や国際教育政策の継続性は、政権交代にも左右されや
すいという面があります。特に、米国の場合は、いずれの施策もマイノリティ
に対する政策や国際教育・留学交流政策に積極的だったオバマ政権下で開始
されたものです。外交や移民政策で米国の利益最優先に強硬姿勢を取るトラ
ンプ政権下では、対中、対中南米関係で大きな政策転換が起こりました。豪
州も近年、首相が短期間で交代する状況が続いているだけでなく、対中関係
が悪化しており、継続して政府のコミットメントが得られるかどうかは不透
明です。

　相違点としては、米国の方が日本と豪州に比べて、政策推進において非営
利団体や企業との連携をより強化し、民間資源を最大限活用しようとしてい

る点が挙げられます。豪州もインターンシップや資金面で経済界の協力を得ており、日本もトビタテは官民協働海外留学支援制度として240社を超える企業から110億円以上の寄付を得ていますが（文部科学省, 2020d）、米国に比べるとより政府主導型です。その背景としては、豪州と日本の方が高等教育行政における政府の関与が強いこと、特に豪州のNCPはColumbo Planという国家間の開発援助の枠組みを起源としていることが指摘されます。

　米国と豪州の取り組みが日本に与える示唆としては、留学支援政策と外交政策の連携です。米国では国務省、豪州では外務貿易省と、外交担当の省が先述した留学支援事業の主管となっていることから、自国学生の留学支援を教育（知識）や文化外交の一環としても位置づけ、地政学的に重要な地域との相互理解と戦略的パートナーシップの強化に力を入れています。日本の留学支援政策が、経済成長を支える日本企業において、将来活躍できるグローバル人材育成の観点から展開されている（経済主導型留学支援策）こととは対照的です。大学生の人的交流を通じた教育（知識）・文化外交の促進を理念に取り込むような政策面での強化が望まれます。

　以上のとおり、本章は日本、米国、豪州の外国留学支援政策を比較分析し、課題と相違点を明らかにしたものです。留学を学生個人の選択による外国での独立した勉学（Study abroad）ととらえるものから、大学教育の一環として、カリキュラム上の重要な構成要素と位置づけるEducation abroad、あるいは学生個人の学びに焦点を当てて、語学研修、インターンシップ、ボランティアワーク、フィールドワーク、サービス・ラーニング等、外国における様々な学習や経験を取り込んだLearning abroadにシフトする動きが欧米や豪州を中心に広がっています。加えて、日本では、学位取得（長期）留学から単位取得（短期）留学へのシフトが顕著です[19]（**図2-4**から**図2-6**参照）。各国政府の留学支援政策もその変化を助長している中、留学者数の数値目標達成を強く意識した留学の短期化と多様化が進行しており、政策評価の一環でもある留学の学習成果分析とプログラムの質の向上が課題となっています。具体的には、短期かつ多様な留学や外国経験による学習成果、並びにその成果を高めるための鍵となる留学プログラムの質をエビデンス・ベースで測定・評価する有

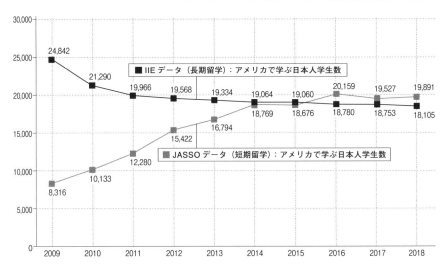

出典：IIE（2020b），日本学生支援機構（2020）をもとに筆者作成。

図 2-4　アメリカ留学：長期留学（学位取得）から短期留学（単位取得）へのシフト

学位取得留学中心

主な留学先・留学生数　　　　**32%**　　　　（単位：人）

No	国・地域	留学生数		前年度比増減	
		2017 年度	2016 年度	人数	増減率
1	アメリカ合衆国	18,753	18,780	△ 27	△ 0.1%
2	中国	14,717	13,595	1,122	8.3%
3	台湾	8,413	7,548	865	11.5%
4	イギリス	2,846	2,944	△ 98	△ 3.3%
5	オーストラリア	2,244	1,748	496	28.4%
6	ドイツ	1,816	1,797	19	1.1%
7	カナダ	1,665	1,563	102	6.5%
8	フランス	1,649	1,659	△ 10	△ 0.6%
9	韓国	1,455	1,416	39	2.8%
10	ブラジル	1,111	935	176	18.8%
―	その他	3,739	3,984	△ 245	△ 6.1%
	合計	58,408	55,969	2,439	4.4%

出典：文部科学省（2020c）

図 2-5　長期留学の主な留学先・留学生数

単位取得留学中心

主な留学先・留学生数 　　　　　　　　　　　　　　　　　　　　　（単位：人）

No	国・地域	留学生数		前年度比増減	
		2018年度	2017年度	人数	増減率
1	アメリカ合衆国	19,891	19,527	364	1.9%
2	オーストラリア	10,038	9,879	159	1.6%
3	カナダ	10,035	9,440	595	6.3%
4	韓国	8,143	7,006	1,137	16.2%
5	中国	7,980	7,144	836	11.7%
6	イギリス	6,538	5,865	673	11.5%
7	台湾	5,932	5,187	745	14.4%
8	タイ	5,479	4,838	641	13.2%
9	フィリピン	4,502	3,700	802	21.7%
10	ドイツ	3,387	3,125	262	8.4%
－	その他	33,221	29,590	3,631	12.3%
	合計	115,146	105,301	9,845	9.3%

17%

アジア諸国への留学の増加：短い、近い留学の増加

出典：文部科学省（2020c）

図2-6　短期留学の主な留学先・留学生数

効な分析手法の開発、さらに、両者をともに向上させるための効果的な方策の開発が求められており、国際教育（留学）研究における喫緊の課題と言えるでしょう。

　＊本稿は、以下の論文をもとに本書のために、再構成（日本の留学支援策を追加）、加筆修正、データ更新等をおこなったものです。

　　太田浩（2018）「政府主導による外国留学支援政策に関する比較分析—米国と豪州の事例から—」『異文化間研究』48巻（18-34頁）

注

1　グローバル人材の定義については様々なものがあるが、日本政府のグローバル

人材育成推進会議 (2012) によると、「グローバル化した世界の経済・社会の中にあって育成・活用していくべき人材」を意味する。この定義は、要素 1 (語学・コミュニケーション能力)、要素 2 (主体性・積極性、チャレンジ精神、協調性・柔軟性、責任感・使命感)、要素 3 (異文化に対する理解と日本人としてのアイデンティティ) の 3 つの要素で構成される。

2　詳細については、次のウェブサイトを参照のこと。https://www2.ed.gov/about/inits/ed/internationaled/international-strategy-2012-16.pdf

3　詳細については、次のウェブサイトを参照のこと。http://ryugaku.jasso.go.jp/scholarship/scholarship_jasso/

4　採択されたプログラムの詳細については、同事業のサイトを参照のこと。http://www.jsps.go.jp/j-gjinzai/h24_kekka_saitaku.html

5　この事業では、民間企業・団体から留学奨学金のために 200 億円の寄付を集めること、2020 年までの 7 年間で 1 万人の大学生・高校生に奨学金付きで留学させることを目標としている。詳細については、次のウェブサイトを参照のこと。https://tobitate.mext.go.jp/program/

6　現状は、3 年次の 3 月に企業側の採用広報・説明会が解禁、4 年次の 6 月から採用面接など選考活動が開始となっているが、2020 年 (2021 年卒) からは、そのようなルールを撤廃すると経団連がすでに発表しており、通年採用への移行も見込まれる。

7　この組み替えにあわせて、事業の趣旨も「経済社会の発展に資することを目的に、グローバルな舞台に積極的に挑戦し世界に飛躍できる人材の育成を図るため、学生のグローバル対応力を徹底的に強化し推進する組織的な教育体制整備の支援を行う」と修正している (日本学術振興会, 2018)。同事業は 2017 年 3 月で終了。

8　採択されたプログラムの詳細については、同事業のウェブサイトを参照のこと。https://www.jsps.go.jp/j-sgu/h26_kekka_saitaku.html

9　First-generation college students の翻訳であり、家族の中で最初に大学に進学した (両親が大卒ではない) 学生たちの総称。

10　但し、本報告書に短期留学の具体的な内訳は掲載されていない。

11　加入は無料で、定期的に 100K-SAIF が開催するイベントや補助金の新規募集の情報が送られてくる。

12　この 2019/20 年度という目標年は、1919 年に創設された IIE の 100 周年にあたる。

13　日本からは日本学生支援機構、大阪大学、筑波大学、上智大学がパートナーとして参加している。

14　詳細については、次のウェブサイトを参照のこと。https://www.iie.org/Programs/

15　詳細については、次のウェブサイトを参照のこと。https://www.iie.org/Programs/Generation-Study-Abroad/Funding/Travel-Grants

16　詳細については、次のウェブサイトを参照のこと。https://www.iie.org/Why-IIE/Announcements/2015/05/2015-05-05-New-York-Times-in-Education-Video-Contest

17　詳細については、次のウェブサイトを参照のこと。https://medium.com/glob-

al-competencies
18　約 87 億 4,300 万円。1 豪ドル＝ 87.43 円で算出。
19　学位取得留学を主とする長期留学生数は、2004 年に 82,945 人のピークを迎えた後は減少が続き、2017 年には 58,408 人となっている。一方、大学間協定に基づく留学等、単位取得を目的とした大学在学中の短期留学は増加傾向にあり、2009 年度の 36,302 人から 2018 年度の 115,146 人と、3 倍以上の伸びを示している。しかしながら、その内 66.5％（76,545 人）は、語学研修など 1 ヵ月未満の留学プログラムの参加者であった（文部科学省, 2020c）。

引用文献

太田浩（2016）「高等教育の国際化をめぐる動向と課題」『国際教育』22, pp.1-9.

グローバル人材育成推進会議（2011）『グローバル人材育成推進会議 中間まとめ』http://www.kantei.go.jp/jp/singi/global/110622chukan_matome.pdf〈2019 年 9 月 30 日アクセス〉

グローバル人材育成推進会議（2012）『グローバル人材育成戦略（グローバル人材育成推進会議　審議まとめ）』http://www.kantei.go.jp/jp/singi/global/1206011matome.pdf〈2019 年 9 月 30 日アクセス〉

国立大学国際交流委員会（2007）『留学制度の改善に向けて』https://www.janu.jp/active/txt6-2/ryuugaku.pdf〈2019 年 9 月 30 日アクセス〉

首相官邸（2013）『日本再興戦略―Japan is Back―』（2013 年 6 月 14 日閣議決定）http://www.kantei.go.jp/jp/singi/keizaisaisei/pdf/saikou_jpn.pdf〈2019 年 9 月 30 日閲覧〉

白土悟（2015）「米国と中国の大国関係における留学交流について」ウェブマガジン『留学交流』55, pp.1-9. http://www.jasso.go.jp/ryugaku/related/kouryu/2015/__icsFiles/afieldfile/2015/10/23/201510shiratsuchisatomi.pdf〈2019 年 9 月 30 日アクセス〉

総務省（2017）『グローバル人材育成の推進に関する政策評価〈結果に基づく勧告〉』http://www.soumu.go.jp/menu_news/s-news/107317_00009.html〈2019 年 9 月 30 日アクセス〉

東京大学国際連携本部（2009）『東京大学国際化白書』https://www.u-tokyo.ac.jp/content/400009824.pdf〈2019 年 9 月 30 日アクセス〉

内閣官房・内閣府・外務省・文部科学省・厚生労働省・経済産業省・観光庁（2014）『若者の海外留学促進実行計画』http://www.mext.go.jp/a_menu/kokusai/tobitate/1347181.htm〈2019 年 9 月 30 日アクセス〉

日本学術振興会（2018）『経済社会の発展を牽引するグローバル人材育成支援』http://www.jsps.go.jp/j-gjinzai/index.html〈2019 年 9 月 30 日アクセス〉

日本学術振興会（2020a）『大学の世界展開力強化事業』http://www.jsps.go.jp/j-tenkairyoku/index.html〈2021 年 1 月 21 日アクセス〉

日本学術振興会（2020b）『スーパーグローバル大学創成支援』http://www.jsps.go.jp/j-sgu/index.html〈2021 年 1 月 21 日アクセス〉

日本学生支援機構（2020）『2018（平成 30）年度日本人学生留学状況調査結果』https://

www.studyinjapan.go.jp/ja/_mt/2020/08/date2018n.pdf〈2021 年 1 月 21 日アクセス〉

文部科学省 (2020a)『高等教育局主要事項 2020 年度予算』https://www.mext.go.jp/content/20200114-mxt_kouhou1-000004025_08.pdf〈2021 年 1 月 14 日アクセス〉

文部科学省 (2020b)『2020 年度官民協働海外留学支援制度〜トビタテ！留学 JAPAN 日本代表プログラム【大学生等コース】〜第 12 期派遣留学生の選考結果及び壮行会及び支援企業・団体について』https://www.mext.go.jp/a_menu/kokusai/tobitate/1413287_00001.htm〈2021 年 1 月 14 日アクセス〉

文部科学省 (2020c)『「外国人留学生在籍状況調査」及び「日本人の海外留学者数」等について』https://www.mext.go.jp/content/20200421-mxt_gakushi02-1000013421.pdf〈2021 年 1 月 14 日アクセス〉

文部科学省 (2020d)『支援企業・団体一覧』https://www.mext.go.jp/a_menu/kokusai/tobitate/1349267.htm〈2021 年 1 月 14 日アクセス〉

横田雅弘 (2012)「学生交流の国際的動向」『IDE 現代の高等教育』2012 年 5 月号, pp.17-21.

Belyavina, R. (2013). *U.S. Students in China: Meeting the Goals of the 100,000 Strong Initiative*. New York: Institute of International Education.

Bothwell, E.（2015, October 5）. US Universities Invest $185 Million in Study Abroad. *Times Higher Education*, Retrieved from https://www.timeshighereducation.com/news/us-universities-invest-185-million-study-abroad〈2019 年 9 月 30 日アクセス〉

Byrne, C.（2016）. Australia's New Colombo Plan: Enhancing Regional Soft Power through Student Mobility. *International Journal*, Vol. 71, No. 1, pp.107-128.

DFAT.（2020a）. *Scholarship Program Guidelines 2021*. https://www.dfat.gov.au/sites/default/files/ncp-scholarship-program-guidelines-2021.pdf〈2021 年 1 月 21 日アクセス〉

DFAT.（2020b）. *Mobility Program Guidelines 2021*. https://www.dfat.gov.au/sites/default/files/2021-ncp-mobility-guidelines.pdf〈2021 年 1 月 21 日アクセス〉

DFAT.（n.d.-a）. *About the New Colombo Plan*. https://www.dfat.gov.au/people-to-people/new-colombo-plan/about〈2021 年 1 月 21 日アクセス〉

DFAT.（n.d.-b）. *Alumni Program*. http://dfat.gov.au/people-to-people/new-colombo-plan/alumni/Pages/alumni-program.aspx〈2021 年 8 月 5 日アクセス〉

IIE.（n.d.-a）. *Generation Study Abroad*. https://www.iie.org/Programs/Generation-Study-Abroad/About〈2021 年 1 月 21 日アクセス〉

IIE.（n.d.-b）. *Why Study Abroad*. https://www.iie.org/Programs/Generation-Study-Abroad/About/Why-Study-Abroad〈2021 年 1 月 21 日アクセス〉

IIE.（2014）. *Generation Study Abroad*. https://www.iie.org/Why-IIE/Announcements/2014/03/2014-03-03-Generation-Study-Abroad〈2019 年 9 月 30 日アクセス〉

IIE.（2020a）. *Browse Programs*. https://www.iie.org/Programs/〈2021 年 1 月 21 日アクセス〉

IIE.（2020b）. *Open Doors Fast Facts 2020*. https://opendoorsdata.org/fast_facts/fast-facts-2020/〈2021 年 1 月 21 日アクセス〉

Malicki, R.（2015）. How the New Colombo Plan Has Changed the Face of Australian Outbound Mobility. *LinkedIn*. https://www.linkedin.com/pulse/how-new-colombo-planhas-changed-face-australian-outbound-rob-malicki/〈2019 年 9 月 30 日アクセス〉

Stetar, J., & Li, M.（2014, November 21）. Is America's 100,000 Strong China Initiative anaemic? *University World News*. No. 344. http://www.universityworldnews.com/article. php?story=20141120163722477〈2019 年 9 月 30 日アクセス〉

Tran, L. T. & Rahimi, M.（2018）. *New Colombo Plan: A Review of Research and Implications for Practice*. https://www.ieaa.org.au/documents/item/1448〈2021 年 1 月 21 日アクセス〉

US-China Strong Foundation.（n.d.）. *US China Strong*. http://uschinastrong.org/〈2019 年 9 月 30 日アクセス〉

U.S. Department of Education.（2011）. *Succeeding Globally Through International Education and Engagement*. https://www.actfl.org/sites/default/files/reports/international-strategy-2012-16. pdf〈2019 年 9 月 30 日アクセス〉

U.S. Department of State.（n.d.-a）. *100,000 Strong Educational Exchange Initiatives*. https://2009-2017.state.gov/100k/〈2019 年 9 月 30 日アクセス〉

U.S. Department of State.（n.d.-b）. *100,000 Strong in the Americas*. https://www.state. gov/100000-strong-in-the-americas/〈2019 年 9 月 30 日アクセス〉

100,000 Strong in the Americas Innovation Fund.（2020）. *The 100,000 Strong in the Americas Innovation Fund Announces New Grant Winning Partnerships between the United States and Mexico, supported by Fundación Banorte, Fundación Gruma, and the U.S. Department of State, Bureau of Western Hemisphere Affairs*. https://www.100kstrongamericas.org/mexico-winners-2020/〈2021 年 1 月 21 日アクセス〉

100,000 Strong in the Americas Innovation Fund.（n.d.）. *100,000 Strong in the Americas*. http://www.100kstrongamericas.org/〈2019 年 9 月 30 日アクセス〉

第3章　大学の短期留学・海外プログラムの工夫事例

野吾教行（学校法人河合塾　教育研究開発部）

はじめに

　河合塾教育研究開発部（旧：教育研究部）では、2016年以来、グローバル化が進展する社会に人材を輩出するという観点から、こうした社会に対応すべく、大学がどのような教育を施しているのかということに関心を持ち、カリキュラムデザインと海外プログラムの位置づけに焦点を置きながら、調査に取り組んできました。本章では、2016年度「グローバル社会に対応した日本の大学教育調査」（河合塾調査）と、2017年度文部科学省委託調査「日本人の海外留学の効果測定に関する調査研究」とで取り上げた事例から、特に短期の海外プログラムにおける工夫事例を中心にご紹介します。

　近年、移動・物流手段といったインフラの発達、ICTの革新的な進展、経済活動における自由化の進展という変化が複合的に合わさり、日本社会のグローバル化は急速に進展してきました。国家レベルでは、グローバル化への大学の対応を支援すべく、留学生の派遣や受け入れを促進したり、人材育成、大学の体制づくりの事業を創設したり、資金を投入したりしてきました。そして各大学では、グローバル化への対応の一部として国際、グローバルなどといったキーワードを冠した国際系学部を積極的に開設し続けています。こうした流れの中で、1か月未満の海外プログラムへの参加を中心に日本人学生の留学生数は大きく増加しました。

　一方、こうして増加した短期の海外プログラムについては、その効果について疑問視する指摘もあります。そうした意味では、短期の海外プログラム

であってもその成果、すなわち教育効果を示していく必要があり、その教育効果を最大限に高めるためのプログラム開発も重要となってきます。

　留学や海外プログラムそのものの効果についてはこれまで多くの研究で示され、最近ではその効果の長期的インパクトについての研究成果もあります。例えば、横田、芦澤、太田 et al（2016）は、グローバル人材育成に留学が果たす長期的なインパクトについて、留学経験者（学位取得を目的とした留学は 3 年以上、単位取得を目的として留学は 3 ヵ月以上）と非経験者を比較し、留学により異文化や新しい環境で努力することが成長実感につながること、留学が語学力や専門性だけではなく、社会人の基礎力向上にも貢献すること、留学を経験することで前向きな意識の形成につながることなどを示しました。

　留学および海外プログラムの渡航期間については、長期は短期よりも学生へのインパクトは大きいだろうということには一般的なコンセンサスがあります。その実証の試みとして、Dwyer, M. M.（2004）は、"More is better" と印象的な表題のもと、1 年間などの期間の長い留学は、学生に意義深く、永続的な効果をもたらすということを示し、長い留学ほど意義深いとしました。また野水、新田（2014）は、短期派遣（3 か月以上 1 年未満の留学）・ショートビジット（略称：SV、3 か月未満の留学）に関して実施した調査で、短期派遣および SVによる能力、学業成績及び態度姿勢の向上に加えて、渡航期間が長いほど留学の効果が高まることを示しています。

　一方、短期の留学および海外プログラムであっても、その効果を示す研究もあります。Chieffo, L., & Griffiths, L（2004）は、5 週間の短期留学の参加者と、米国内で異文化理解に関する授業を受講した学生に対する大規模なサーベイ調査を実施しました。この研究では、短期留学参加者の方が、未参加の学生よりも、自己評価に基づく異文化アウェアネス（異文化についての意識、個人的な成長・発達，世界の相互依存に関する意識、世界の地理や言語に関する知識）が高いことが明らかになりました。また Kurt, M. R., Olitsky, N. H., & Geis, P.（2013）は、3・4 週間の短期留学プログラム参加者に対して、留学前・留学中・留学後におけるグローバルな意識についての調査をおこない、留学後、特に世界に関する実用的な知識の習得面での自己評価の伸びが大きいことが示され

ました。

　短期留学の効果については、プログラムの構成や参加者個人の取り組み姿勢が作用することが指摘されています。Kehl, K., & Morris, J. (2008) は、8週間以内の短期留学経験者と留学未経験者に Global-mindedness Scale という異文化に関する意識についてのアセスメントを実施したところ、スコアに有意な差が見られませんでした。このことから、短期留学の効果は、そのプログラムの構成や、学生個人の要因など、様々な変数によって異なると見られ、さらなる検証が求められているとしています。実際、河合塾が取り組んだ『平成29年度文部科学省委託事業「日本人の海外留学の効果測定に関する調査研究」』(河合塾, 2018) でも、海外留学の期間や滞在地域が同じであっても、プログラムの構成や学生の取り組み姿勢によって、その効果が大きく異なるということが示唆されています。

　先行研究から、留学には、参加者のその後の大学での学修のみならず、その後の人生にまで正の影響を与えるほどの教育効果があり、その期間が長いほどより大きな効果があるけれども、短期であってもそのプログラム設計次第で、それなりの効果は見込めるのだということが示唆されています。そして現実として、他の章でも指摘されているように、日本のみならず世界的にも留学する学生は増えており、それを牽引しているのは短期留学の伸びです。ゆえに、より多くの学生に海外での効果的な学修経験をさせるということを考えれば、リソース (学生の学修時間、資金など) に制約がある以上、より効果的な短期留学の在り方について考えることは重要なことではないでしょうか。加えて、2020年に入り、新型コロナウイルスの感染拡大の影響により多くの海外プログラムを中止せざるを得ない状況を迎えた今、海外プログラムに参加して渡航先で学修する機会の価値は、これまで以上に高いものになるものと考えられます。これを踏まえ、海外プログラムを通じた学修の効果を最大限高められる工夫について、従来以上に考える必要があると言えます。

　本章では、短期の留学および海外プログラムの効果をより高められるように工夫された海外プログラムの事例について、授業やカリキュラムのデザインを重視し、観点1：海外プログラムそのものでの教育効果の最大化を図っ

ている事例、観点2：海外プログラムを活用してそれを含むカリキュラムとしての教育効果の最大化を図っている事例、観点3：短期の海外プログラムによる長期留学への呼び水効果、観点4：英語教育プログラムの工夫、これら4つの観点から紹介します。取り上げる事例は、河合塾が2017年度に受託した平成29年度文部科学省委託事業「日本人の海外留学の効果測定に関する調査研究」で取り上げた事例を中心に、河合塾で2016年度に実施した「グローバル社会に対応した大学教育調査」で取り上げた事例も一部取り上げて紹介します。

第1節　事例紹介

観点1：海外プログラムそのものでの教育効果の最大化を図っている事例

1) 芝浦工業大学　システム理工学部「グローバルPBL」（平成29年度文部科学省
委託事業「日本人の海外留学の効果測定に関する調査研究」より）

　本プログラムは、派遣先で過ごす限りある時間を最大限に有効活用しようと、現地での学生の活動が綿密に設計されていることを特徴とする事例です。本プログラムは、グローバル環境でイノベーションを推進できるような技術者の育成を目的に、約10日間の日程でおこなわれるグローバルまたは地域の社会的・技術的分野横断でおこなわれるPBL型プログラムです。機械系、機械機能系、材料系、電気系、通信系、電子系、建築系、土木系、生命系、電子情報系、機械制御系、環境系、数理系、デザイン系、システム理工系の学別、協定大学別にプログラムが用意され、院生向けのものを含めて全部で約60のプログラム（2016年度）が用意されています。

　60あるプログラムのうち、2016年度にシステム理工学部の学生を対象にキングモンクット工科大学トンブリ校（タイ）で実施された9日間のプログラムを紹介します。これには当大学の学生30人（学部3・4年生、修士1年生の混成）、タイの学生30人、その他インドネシア、カンボジア、マレーシア、ベトナムの学生、総勢約70人が参加しました。9日間の具体的な取り組み内容は**図3-1**のとおりです。

Day0	タイ入国、入寮
Day1	アイスブレイク、チーム編成、テーマ確定、事前アセスメント（ルーブリック）、キャンパスツアー
Day2	バンコク郊外で合宿、要求分析
Day3	AM: 目標設定、予算計画、活動計画、PM: 工場見学後バンコクに戻る
Day4	フィールドワーク、デザインレビュー準備
Day5	デザインレビュー、目標再設定
Day6	計画に基づいて活動
Day7	計画に基づいて活動、国際文化交流イベント、最終発表会準備
Day8	最終発表会、事後アセスメント（ルーブリック）、社会人基礎力テスト（PROG）、CEFR（英語力アセスメント）、修了証書授与、表彰式
Day9	文化活動、出国（深夜便）

図 3-1　芝浦工業大学「グローバル PBL」の現地でのスケジュール

　PBL では、当大学の学生は現地の学生や他のアジアの学生による混成の多国籍チームに分かれて、与えられた課題に対する解決策を検討し、最終発表会でチームごとにプレゼンテーションします。プログラムの運営や進行、指示は全て英語でおこなわれます。図 3-1 にあるように、チーム編成後、PBL は、①テーマ確定、②要求分析、③目標設定、④予算計画、⑤活動計画、⑥デザインレビュー準備、⑦デザインレビュー、⑧目標再設定、⑨計画に基づいて活動、⑩最終発表会準備、⑪最終発表会という順序で進められます。

　各プロセスでの取り組み方の例を挙げると、例えば①テーマ確定では教員から次のようなキーワードが提示され、それに基づいてチームごとにテーマを確定します。

Community development, Disaster prevention, Ecology, Eco-tourism, Education system, Energy, Global leadership, Innovation, Mobility, Multi-language communication, Service, User experience, Welfare and medical system, Others

(student's idea)

⑦デザインレビューでは、チームごとに、調査等にかかる費用の見積りな
どを含んだ実行計画書を提出するとともにそれを発表し、教員や TA から評
価、コメント、改善点の指摘を受けます。⑪最終発表会では、発表内容に盛
り込むべき項目を予め次のように示し、全てのチームがこの項目に対応させ
て発表内容を構成していきます。

Background and Objective

Requirement Analysis

　Present Status and the Needs, Objective Analysis

　Requirements, Strategy, and Goal

　Criteria plan for evaluation

Implementation

　Summary and Scope

　Implementation Plan

Evaluation

　Evaluation Method

　Evaluation Result

Conclusion

　図 3-1 は、現地での学生のスケジュールですが、PBL の工程に従って毎日
のミッションが決められていることがわかります。また、PBL については決
して余裕のあるスケジュールではありませんが、そうした取り組みの合間に
は異文化交流 や異文化体験の機会も設けられています。

2) お茶の水女子大学「国際共生社会論実習」(平成 29 年度文部科学省委託事業「日
　本人の海外留学の効果測定に関する調査研究」より)
　本プログラムは、現地の社会問題をテーマに、自ら課題を設定して現地調

査をし、帰国後にレポートをまとめるという、事前・事後学習と現地での活動が充実している事例です。英語を学ぶのではなく、英語を用いて現地で情報を収集して考察を深めることを通じ、"国際的な課題解決に寄与できる女性リーダー"を育成することを目的としています。本プログラムは、所属学部・学年を問わず、全学共通の通年不定期科目（2単位）として実施され、書類審査で選考された学生が、カンボジアとネパールへ各10～12名に分かれて、事前学習、現地調査、そしてレポート作成に取り組みます（2017年度）。

　事前学習では、まず5コマ（オリエンテーションと健康管理・安全講習を除く）の事前授業を実施します。それらの授業では、①訪問する国の歴史的背景や途上国の農村におけるジェンダー問題などをテーマにした文献を輪読する、②現地を知る政府機関やNGOのゲスト講師が、現地国の教育制度、文化、民族や宗教の多様性、必要とされている支援などについて講義するという内容でおこなわれます。学生は事前授業で得た知識を踏まえて、訪問国ごとのグループに分かれて議論し、自分たちのグループで調査するテーマを絞り込み、テーマごとにチーム分けをします。各チームでは、現地に関する情報や文献を調べて課題についての仮説を設定し、現地での調査方法や質問内容を設定し、現地フィールド調査に必要な準備をします。過去のテーマ例には、"農村のジェンダー""教育制度・課題""職業選択""家事労働などジェンダー規範""都市部と農村の保健問題（病院か自宅か生まれた場所による乳幼児や妊産婦の死亡率の差）""農村から都市部への労働移動問題""国際協力の在り方""震災復興の課題"などがあります。

　現地での活動は、大学，国連機関、国際援助機関、NGO、保健施設、学校および住民組織等へのインタビューを通じた調査活動、同じ問題に関心を持つ現地の若者との意見交換、関連知識を補完するために適宜おこなわれる講義などで構成されています。学生は、住民などへのインタビューでは、英語で通訳に伝えて、通訳はそれを現地の言語に訳すかたちでおこない、NGOスタッフや現地大学生へのインタビューでは、英語でコミュニケーションをします。調査活動の他に、地元の大学生との交流、JICAをはじめとした様々な国際援助機関の担当者による講義と質疑応答も盛り込まれ、そこで

| 事前学習 | ✔ 全8コマ（5-7月）
✔ 事前授業
✔ グループ・ディスカッション
✔ 調査テーマ設定
✔ 調査テーマ毎にチーム分け
✔ 文献調査・仮説設定
✔ 訪問先・質問内容の設定 |

| 現地フィールド調査 | ✔ 8日間（8-9月）
✔ カンボジア、ネパールの2グループに分かれて実施
✔ 現地の大学、国連機関、NGO、保健施設、学校、住民組織等にインタビュー
✔ 問題意識を同じくする現地の若者との意見交換
✔ インタビューは英語を基本とし、現地の方々へは英語を現地言語に通訳 |

| 事後学習 | ✔ レポート作成・指導
✔ 学内報告会
✔ 文化祭でのポスター発表

【テーマ例】
農村のジェンダー、教育制度・課題、職業選択、家事労働などジェンダー規範、都市部と農村の保健問題、農村から都市への労働移動問題など |

図3-2　お茶の水女子大学「国際共生社会論実習」の事前・事後学習と現地での活動

は、教育や将来についての考えなど様々な意見交換がなされます。

　現地での活動期間は8日間と限られてはいますが、厚めの事前学習により、短期間でも密度の濃い活動が可能となっており、帰国後のレポート作成を通じた事後学習も含めて、研究にも繋がるような学修効果の高いプログラムとなっています。なお本プログラムに参加した学生のおよそ半数は、その後の短期留学や交換留学などの海外プログラムにも参加しています。

3) 九州大学　工学部「工学系グローバル・オープンイノベーション人材育成プログラム」（平成29年度文部科学省委託事業「日本人の海外留学の効果測定に関する調査研究」より）

　本プログラムは、英語研修に加え、工学にかかわる現地での多様な活動を組み合わせた濃密な海外プログラムで、事前学習についても、英会話のみならず、プレゼンテーション、ビジネスシンキングなどのトレーニングが充実している事例です。九州大学カリフォルニアオフィスの協力のもと、工学部が1・2年生を対象に、定員約30人で4～5週間の期間で実施されます。2012年にスタートした本プログラムは、英語を学ぶだけでなく、カリフォルニア州サンノゼのいわゆるシリコンバレーで活動することで、アントレプ

| 事前学習 | ✔ E-Learning システムを活用した英語指導
✔ 英語プレゼン指導、ビジネス・シンキングの準備としての英語表現指導
✔ Skype を通じた同大カリフォルニア・オフィス所長による事前準備指導 |

| 現地での活動 | ✔ 週4日、午前中は英語教育機関 International Gateways にて
　科学技術プレゼンに必要な英語力の強化
✔ 週4日、午後はサンノゼ州立大で日本語を学ぶ現地学生との共同授業
✔ 週1回、ハイテク企業や大学へのフィールドトリップ等
✔ Zero to One プロジェクト
　（デザイン思考ワークショップを通じたビジネスプラン構想、プレゼン） |

| 事後学習 | ✔ 報告会での英語による成果報告
✔ TOEFL-ITP 等の受験
✔ 留学生チューター
✔ 留学生とのイベント実施等 |

図3-3　九州大学 工学部「工学系グローバル・オープンイノベーション人材育成プログラム」の事前・事後学習と現地での活動

レナーシップなど国際的な工学系技術者・研究者に要求される素養を自覚し、その後の学修や研究に向けたマインドセットを育むことを目的としています。

　本プログラムは、サンノゼ州立大学 (SJSU、米国カリフォルニア州) に設置されている英語を母国語としない外国人に対する英語教育組織である I-Gateways での英語研修、起業家やベンチャーキャピタルの方の講義、大学や企業へのフィールドトリップ、PBL 型の Zero to One プロジェクトなどで構成されています。滞在中、学生はサンノゼの一般家庭に滞在することで、家庭での英会話および異文化コミュニケーションも体験します。

　I-Gateways で週 4 日実施される英語研修は、英語での効果的な科学技術プレゼンテーションに必要な英語力育成を目的とし、同学部のために開発された教育プログラムで実施されています。英語研修の授業内容の例として、発音およびアクセントのトレーニングに焦点を当てた授業、世界で話題になっているトピックスについて自分の考えを発表したり議論したりする授業などがあります。午後は、SJSU の日本語教育に関する正規クラスである Japanese Culture Class に参加し、SJSU の学生とお互いの目的 (当大学学生：英語能力向上、SJSU 学生：日本語能力向上) に資するための様々な活動に取り組みます。英語研修の第 4 週 (最終週) には、学生が各々で発表内容を考えた英語による Final Presentation を実施し、優秀者を 3 〜 4 人選出・表彰しています。発表内容は、科学技術分野一般での英語プレゼンテーション能力の向上に絞ったものとしています。

　英語研修以外の活動を挙げると、例えば週に 1 回程度、シリコンバレーで活躍している起業家やベンチャーキャピタリストから、アントレプレナーシップ、イノベーション等についての講義を受講するというものがあります。こうした講義では、受講後にレポートをまとめて提出することになっています。また、シリコンバレーのハイテク企業やスタンフォード大学などへのフィールドトリップをおこない、イノベーションが創出される現場の仕組みと実態を学ぶという活動も週 1 回あります。最終週には、ゼロの状態から何かを作り出して問題を解決できるような力を伸ばすことを目的に、PBL 型のプログラムの Zero to One プロジェクトを実施しています。ここではデザイ

ン思考のワークショップを体験し、2日間かけてグループごとにビジネスの種を創り出し、仮想起業を試み、現地のベンチャーキャピタルから評価を受けます。

　事前学習としては、まず全学で導入している e-Learning システムを利用し、個々で英語学習を進めさせ、担当職員がその状況を確認し、必要に応じて指導を施しています。加えて、外国人講師による英会話、国際コース留学生担当教員による英語でのプレゼンテーションの指導、そしてビジネスシンキングの準備として自分のアイデアを英語で説明する練習などもおこなっています。また、カリフォルニアオフィスと Web 会議システムで接続し、オフィス所長から留学における気構えや事前に読んでおくべきアントレプレナーシップに関連する書籍を紹介してもらうなど、参加に当たって必要な準備についてアドバイスを受ける機会も設けています。事後学習としては、報告会において英語による成果報告、TOEFL-ITP 等の公的英語資格試験の受験、留学生チューター・国際イベントへの参加・留学生とのイベント実施、本プログラムの周知活動全体への協力などを課しています。

観点2：海外プログラムを活用してそれを含むカリキュラムとしての教育効果の最大化を図っている事例

1) 東京外国語大学「ショートビジット（短期海外プログラム）」（平成29年度文部科学省委託事業「日本人の海外留学の効果測定に関する調査研究」より）

　本プログラムは、言語やその言語を使用する地域について学ぶ4年間の学修の動機づけをおこなう科目として、機能している海外プログラムの事例です。入学して早い段階で実際に現地に行って生の言語に触れ、またその背景にある社会や文化についても体験的に学び、自身が専攻する言語を何のために学修しているのかということへの気づきと学修への動機づけを与えることとを目指しています。主には1年生を対象に実施しているプログラムで、夏学期と冬学期に、当大学が指定する交流協定校が実施するサマープログラムあるいはウィンタープログラムに参加するプログラムであり、全学での参加率は6割程度です（参考：2017年度入学定員745人）。

　同プログラムの事前学習と事後学習は、基本的には専攻言語の語学科目での学修です。

　まず1・2年次に全2学部共通して、言語科目（地域言語A、地域言語C、GLIP英語科目、教養外国語で構成）、地域科目、教養科目（基礎リテラシー、基礎演習、世界教養科目、スポーツ・身体文化科目で構成）からなる世界教養プログラムを中心に学びます。専門科目は、1年次に導入科目、2年次に概論科目を学んだ上で、3年次以降はコース・ゼミで学び、専門知識を深めていく仕組みになっています。また当大学の6割の学生は交換留学を中心とした長期留学に参加します。交換留学に参加する学生の場合、1・2年次の間に専攻する言語そのものと、その言語が使われている地域について学修し、2年次の間に留学先を決め、3年次秋から1年程度交換留学先で学びます。3年次の春学期のゼミで卒業研究のテーマの方向性を定めた上で、それと紐づけられるよう長期留学に参加し、派遣先の大学で10～30単位を取得します。

　同プログラムにおける学生にとっての選択肢は豊富であり、2017年度には45カ国・地域のプログラムを用意しました（同年度の学生の参加実績は40カ

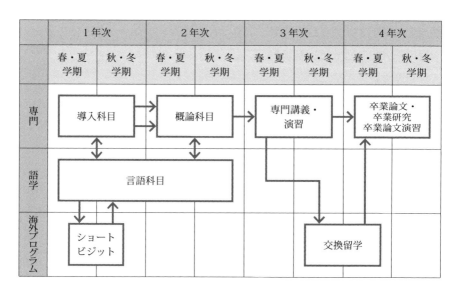

図 3-4　東京外国語大学　カリキュラム設計と海外プログラム

国・地域）。一部を紹介すると、例えば、アンカラ大学（トルコ）でのプログラムは、語学コースで4週間学ぶ内容となっています。学生はホームステイ先に滞在し、午前中から13時までは授業、午後には現地学生との交流会、文化的アクティビティ、クラブ活動やボランティア活動などに参加するという生活を送ります。他にもシーナカリンウィロート大学（タイ）でのプログラムは現地の学生の家にホームステイし、タイ語およびタイ文化を学ぶもの、王立プノンペン大学（カンボジア）でのプログラムは2年次を対象に実施され、カンボジア文学科の正規クラスに参加して学ぶものなどがあります。カイロ大学アラビア語文化センター（エジプト）でのプログラムは冬期に実施される語学プログラムで、アラビア語を学ぶ1年生は基本的には全員参加します。

　当大学では、同プログラムについて、参加した学生の学修に向かう意欲を大きく高めるプログラムであると考えています。学生は、現地の子どもとのコミュニケーションすらとれないなど、まだまだ語学力が足りないことを体感したり、英語クラスでレベルの高いクラスに配属となり、教授内容やクラスメイトの英語力の高さにショックを受けたりして帰国しますが、そのことがその後の学修動機につながっています。実際、同プログラムに参加した学生の半数は長期留学にも参加しています。例えば2015年度に実施した「ショートビジット」に参加した学生244人のうちの129人（53％）が、2016-2017年度に交換留学を中心とした3カ月から1年間の長期留学に参加しています。

　このように同プログラムは、交換留学も含むカリキュラムの中で、1年次の段階で語学科目での学修と相互作用しながら、そこから先の学修に大きな影響を与える重要な科目であることがみてとれます。

2) 国際基督教大学「フレッシュマンSEAプログラム）」（平成29年度文部科学省委託事業「日本人の海外留学の効果測定に関する調査研究」より）

　本プログラムは、選択科目ではありますが、1・2年次の英語教育科目「リベラルアーツ英語プログラム（ELA）」と内容や単位認定などの面で密接に連携がとれるように設計された海外プログラムの事例です。本プログラムは、

1年次夏休みに6週間程度、アメリカ、カナダ、イギリス、アイルランド、オーストラリア、ニュージーランドの12の研修校 (2018年4月現在) が提供する既存の英語プログラムを受講するプログラムで、約600人の1年生のうちの約200人が履修します。国際基督教大学 (ICU：International Christian University) というと帰国生が多いというイメージが強いですが、実際には本プログラムで初めて海外体験をする学生も多くいます。"異文化で、自分で問題を解決する力を養う"という考えの下に引率の教職員はつかず、ホームステイ先が良くなければ自力で交渉して変えてもらう、クラスの英語力レベルが自分の希望と異なっていれば、それも自力で交渉する、などの考えで運用されています。

学生は入学時に英語のプレースメントテストと海外経験などの情報をもとにストリーム1〜4に分類され、それぞれの英語運用能力に適したプログラムが提供されますが、ここでは最も人数の多いストリーム3を例にして説明します。ELAでは主に日本語を母語とする学生が1年を通して学びます。ELAは大学での学びの基礎を固める導入教育的な役割も担っていて、ICUで4年間英語でのリベラルアーツ教育を受けられるだけのアカデミックな英語力と批判的思考力の育成を目標としています。ICUでは、英語開講の専門科目も多数設置されていますが、ELAは英語教員によってアカデミックライティングやリーディング、ディスカッションやプレゼンテーションなどの英語力と批判的思考力を育成するためのプログラムとして位置づけられている点で、ICUでの学びの導入教育という位置づけになっています。

具体的にはストリーム3の場合、週9コマの英語科目を履修し、その中でも中心となるのが「ARW (Academic Reading & Writing、読解と論文作法)」と「RCA (Reading & Content Analysis、精読と英文構成法)」の2つのコア科目です。この2科目では「異文化コミュニケーション」や「生命倫理」などの共通のテーマに関する論文を英語で読み、その内容について英語でのディスカッションやプレゼンテーションをおこない、他の学生や教員の意見も聞くことで、現代の様々な問題 (例、生命倫理なら"安楽死"など) について多様な視点から考察する批判的思考能力を育成することを目指しています。また自分の考えを英文エッセイにまとめる練習もします。ELAでの学修を通して学生は、4年間の

	1 年次			2 年次		
	春学期	秋学期	冬学期	春学期	秋学期	冬学期
リベラルアーツ 英語プログラム (ELA: English for Liberal Arts)	Academic Reading & Writing Reading & Content Analysis Academic Skills　→			Research Writing 専門分野の学修に進むステップ として、2,000 語の論文を執筆		
海外 プログラム	フレッシュマン ＳＥＡ プログラム					

図 3-5　国際基督教大学　カリキュラム設計と海外プログラム

学びに必要なアカデミックな英語力と批判的思考力を身につけていきます。

　本プログラムは、1 年次春学期の ELA の延長上に位置づけられており、春学期のカリキュラムが事前学習、秋学期のカリキュラムが事後学習という性格を有しています。本プログラムへの参加学生は、秋学期の ELA の授業では、自信をもって英語によるディスカッションに参加するようになるなど、大きな成長が見られることが少なくありません。なお 2 年次の ELA では、学部での研究や論文執筆に備えて「Research Writing」において 2,000 語の論文を執筆しなければなりません。入学時の英語運用能力が高いストリームの学生は、1 年次の ELA 科目のいくつかの履修を免除されますが、ICU では卒業論文が必修であるため、「Research Writing」での 2,000 語の論文執筆は必修となっています。

3) 立教大学　経営学部国際経営学科「Overseas EAP」（平成 29 年度文部科学省委託事業「日本人の海外留学の効果測定に関する調査研究」より）

　本プログラムは、経営学を英語で学習できる力をつけることを目的とした当学科のコアカリキュラムの中で全員が履修する科目として位置づけられている海外プログラムの事例です。

当学科では、経営学を英語で学習できる力をつけることを目的としたバイリンガル・ビジネスリーダー・プログラム(BBL)をコア・カリキュラムとしています。BBL は、本プログラムに加えて、「EAP(English for Academic Purpose)1」「EAP2」「ESP(English for Specific Purposes)」「Business Project」などの科目で構成され、英語で授業が進められる専門科目と連携しながら、段階的に英語で経営学を学修する力を育成する仕組みになっています。1 年次春学期に英語 4 技能をバランス良く育成することを目的とした基礎科目「EGP(English for General Purposes)」が開講され、夏期あるいは冬期に本プログラムを通じて海外の提携大学で経営学を英語で学ぶための基礎固めをし、1 年次秋学期「EAP1」および 2 年次春学期「EAP2」では英語コミュニケーション力を段階的に育成します。2 年次秋学期からは専門教育科目担当教員と英語教育担当教員が連携し、やや易しめの英語による専門教育科目(Basic Courses)と、その科目に対応する「ESP」の授業とを同時に受講し、英語による専門教育に馴染んでいきます。3 年次以降は、各自の英語レベルに応じて、やや易しめの英語によるSheltered Courses あるいは、英語圏の大学と遜色ないレベルの英語で展開さ

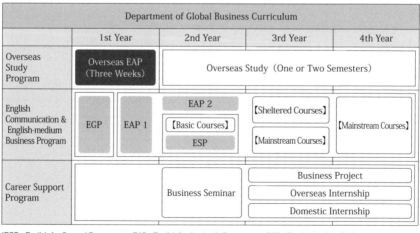

*EGP : English for General Purposes　　EAP : English for Academic Purposes　　ESP : English for Specific Purposes
立教大学ＨＰより
http://cob.rikkyo.ac.jp/bbl/about.html

図 3-6　立教大学 経営学部国際経営学科　カリキュラム設計と海外プログラム

れる Mainstream Courses に開設されたいずれかのコースの科目を受講することになりますが、4 年次には多くの学生が Mainstream Courses を受講できるようになります。

　本プログラムは前述のとおり、当学科のコア・カリキュラムである BBL の構成科目であり、海外の協定校で実施される海外プログラムで、夏期と冬期に分けて実施しています。TOEIC L&R と S&W の合計スコア 1,305 点以上などと一定の基準を満たす学生を除いて、当学科の学生は全 1 年生が履修します。参加する学生は、参加する直前の学期に毎週 1 回 90 分間の事前研修を受講することになっており、英語によるグループディスカッションやプレゼンテーションなどのトレーニングを受けます。

　本プログラムは、派遣先の大学との事前協議を経て、同大学オリジナルのプログラムになっています。帰国後に展開される BBL 科目へのスムーズな移行を促すことを基本目標とし、英語の基礎を集中的に学ぶことで英語によるコミュニケーションへの抵抗感をなくすことと、英語でのリサーチやプレゼンテーションに慣れることとに配慮した内容になっています。加えて、グローバルに活躍するビジネスリーダーを目指す契機とすること、長期留学へのモチベーションを引き出すことにも配慮して設計されています。具体的には、一般的な英語の授業だけでなく、EAP と関連づけられた授業、英語による経営学をテーマに取り上げた授業、現地企業への視察およびインタビューや、企業へのプレゼンテーションを含む PBL に取り組む授業で構成されています。

　このように本プログラムは、学科のコア・カリキュラムを構成する重要な科目として、他の科目とも連携しながら機能していることがわかります。

4)東京医科歯科大学　医学部医学科「医学科海外短期研修プログラム」「海外基
　　礎医学実習」「海外臨床実習」(平成 29 年度文部科学省委託事業「日本人の海外
　　留学の効果測定に関する調査研究」より)

　本事例は、ディプロマ・ポリシーに、1. 幅広い教養と豊かな感性、2. 問題提起、解決能力、3. 国際性の 3 つを掲げる当学科が、医学の専門教育カ

リキュラムの各教育段階に関連づけて、海外プログラムを開設している事例です。当学科では、米国の医学教育機関で用いられているものを参考に、当大学の教育理念を踏まえて作成した卒業時コンピテンシーという教育目標を、7領域・90項目にわたって設定しています。7領域は、国際人としての資質に関する内容と科学的探究に関する内容に大別でき、国際人としての資質に関する内容は、領域「Ⅰ．国際人としての基礎」が該当し、以下のように記されています。

Ⅰ．国際人としての基礎
　①健康／医療／歯科医療に貢献する者として必要な、幅広い教養と豊かな感性を持つ。
　②世界的に注目されている医学／歯学／健康に関する主たるトピックについて精通するよう情報収集する習慣を有し、議論できる。
　③医学／歯学における最新の情報を入手し、また発信できる英語力を有する。

　このように、当学科では、英語で医学・医療について外国の医療人や研究者と議論できる人材の育成を目指し、このために、海外の医学生との交流、医療の体験、海外の大学・研究所での研究活動、そして海外の医学校での診療参加型実習などに取り組む海外プログラムを開設しています。
　「医学科海外短期研修プログラム」は、2年次を主対象としたプログラムです（2017年度参加者：27名、2017年度の調査時点では2019年度には同一学年の全学生を参加させることを計画）。7〜10日間をかけて、タイや台湾などアジア諸国の医学生と交流し、医療に触れることで刺激を受け、将来のキャリアビジョンを考え目標設定をおこなうための場として位置づけられています。特に、タイや台湾の医学生と日本の医学生との学習や長期的キャリア形成に対する意識の差は大きく、入学後の早い段階でアジアの医学生に触れ刺激を受けることで、それ以降の学業への取り組みが変化することを期待したプログラムとなっています。

	1 年次		2 年次		3 年次		4 年次		5 年次		6 年次	
	前期	後期	前期	後期	前期	後期	前期	後期	前期	後期	前期	後期
専門	専門科目の定期試験の75%で、問題文や選択肢の医学用語を英語で表記するなどの英語化を進めている								主言語を英語にした科目は 52%			
英語コミュニケーション力育成	英語a　英語b	英語c　英語d			医学英語							
海外プログラム			医学科海外短期研修プログラム				海外基礎医学実習				海外臨床実習	

図 3-7　東京医科歯科大学 医学部医学科　カリキュラム設計と海外プログラム

「海外基礎医学実習」は、4 年次必修科目である「自由選択学習」を海外でおこなう場合の科目名であり、インペリアルカレッジ（英国）、ネバダ大学（米国）、マサチューセッツ工科大学（米国）、南カリフォルニア大学（米国）、オーストラリア国立大学、ソウル大学（韓国）をはじめタイ、ガーナ、フィリピンの大学・研究所などに約 5 か月派遣されます（例年 25 人前後参加）。派遣先で当大学の規定に即した評価が得られれば単位認定されます。各学生は、自身が関心を持つテーマに応じた研究室に配属され、主として基礎医学研究に取り組みます。自分の研究したいテーマが協定大学以外にある場合には、研究室の指導教授と相談して 5 か月間の一部をそこでの研究に従事することも認められる場合があります。留学中は、研究者や指導教員から、研究技法のみならず、論文作成やプレゼンテーションに関しても細かな指導を受けます。事前学習は ASSERT Course として整備され、2 か月間毎週 1 回行われます。そこでは、研究について英語で議論できる英語力の育成、研究内容を検討・議論するための論理的思考力・批判的思考力、プレゼンテーションスキル、コミュニケーションスキルの育成に取り組みます。また本プログラムに参加する直前には、ほとんどの学生が研究室での研究経験を積み、派遣先でもすぐに研究に取り組める状態になっています。留学後は、学内で研究した学生らとともに学年全体での研究内容発表会にてプレゼンテーションし、ま

たレポートを提出。全ての学生が卒業後基礎医学研究者になる訳ではありませんが、世界標準の研究手法や研究者の意識や志に触れることで、キャリア形成のための大きな刺激となっています。

「海外臨床実習」も「海外基礎医学実習」と同様に、6年次開講科目である「臨床実習」の選択実習の一部を海外機関でおこなうというかたちで、国内での専門課程科目の一部を海外で学ぶものであり、専門科目との連携も図られた科目です。最大3カ月間、ハーバード大学（米国）、ネバダ大学（米国）、バンダービルト大学（米国）、オーストラリア国立大学、マヒドン大学（タイ）、国立台湾大学などの医学校において、学生の希望する診療科で診療参加型実習をおこないます（2017年度参加者：20人）。診療チームの一員として患者管理に参加する中で臨床医学を学ぶということです。このプログラムの目的は、日本では経験できない医療を経験すること、医学・医療の現在および未来のリーダーとのネットワークを形成すること、視野を広げ世界と日本の医療に対する客観的な視点を養うこと、キャリア形成の視点から医療人の活躍できる場が多様に存在することを知ることなどです。事前学習はFOCUS Courseとして整備され、当プログラムの参加者は参加を必須とされています。7カ月間毎週1回平日の夕方に集まり、派遣先で診療チームの一員として機能できる英語力、臨床スキル、患者管理スキル、コミュニケーションスキルを徹底的に磨きます。

特に「海外基礎英学実習」「海外臨床実習」については、カリキュラムの中で選択可能な必要科目と位置づけられていることで、学修スケジュールがタイトな医学科にありながら、休学をすることなく海外の教育研究機関や医療機関に留学し、実習を経験できる海外プログラムであるという点で注目に値します。単なる授業履修と異なり、研究実習および臨床実習ともに、留学先の学生や研究者、指導医からなるチームの一員として能動的で積極的な取り組みが求められ、マンツーマンの密な指導とフィードバックを受けることができ、学生は人間的にも大きく成長を遂げます。

観点3：短期の海外プログラムによる長期留学への呼び水効果

1) 東北大学「Study Abroad Program (SAP)」（平成29年度文部科学省委託事業「日本人の海外留学の効果測定に関する調査研究」より）

　本事例は、交換留学をはじめとした長期留学に参加する学生を増加させるべく、短期の海外プログラムの開設に工夫を施して、実際に短期の海外プログラムが長期留学への呼び水効果を生み出している事例です。「Study Abroad Program (SAP)」は、個別の海外プログラム名ではなく、全13プログラムからなる海外プログラムの総称であり、いずれの海外プログラムも教養科目として単位認定される科目で、2016年度における参加者は約330人でした。これらのプログラムは、学生がプログラムを選択しやすいように目的別に3分類しており、「海外初心者向けプログラム」4プログラム、「テーマ学習に取り組みたい学生向けプログラム」3プログラム、「実践的な英語力の向上を目指す学生向けプログラム（交換留学準備）」6プログラムで構成されています。

　当大学では、SAPでの学修・経験を、交換留学などの長期留学への参加の動機づけにつなげることを意図しています。そのため、この13プログラムは抱える学生の特徴を踏まえ、目的、期間、そしてレベル別に用意しています。当大学の文系学部は東北出身者が多くを占め、東北出身の学生は一般に引っ込み思案の傾向があり、また入学前に海外に行ったことのある学生も多くはありません。したがって、いきなり中期や長期の海外プログラムに参加させようにも、そうした学生にとっては、参加へのハードルが高くなり過ぎてしまいます。そこで、費用負担、期間、そして実施時期に至るまでを考慮に入れて、そうしたハードルを下げることを目指しました。とにかく海外での学修や体験をさせて、学生に自信を付けさせたり、関心を高めさせたりした上で、次のステップとして長期留学に誘導しようということです。

　学生に提示しているSAPの海外プログラムの紹介パンフレットには、英語運用能力と異文化適応力についての難易度を示し、学生が自分の状態やニーズに適したプログラムを選択できるよう工夫しています。例えば、海外プログラム「ベトナムで学ぶ文化と国家ビジネス」では求められる英語運

用能力は中程度、異文化適応力は高程度、「イギリスで学ぶ英語と文化 IELTS 対策」では英語運用能力および異文化適応力ともに低程度などと示されています。

加えて、2016 年度までは、参加を促進すべく SAP への参加に要する学費については学生の負担がゼロになるよう、奨学金や独自資金などを活用して、大学なりに最大限の工夫をし、実際に参加者を集めることに成功しました。ただし 2017 年度からは、より持続可能な海外プログラムとなるよう、学生にも学費の一部を負担させることにしました。

なお、SAP のこうした工夫の結果、同大学で交換留学に参加する学生のうち (例年 100 人前後)、4 〜 6 割を SAP 履修生が占めるようになりました。

2)立命館アジア太平洋大学「FIRST」「SECOND」(平成 29 年度文部科学省委託事業「日本人の海外留学の効果測定に関する調査研究」より)

本事例は、異文化コミュニケーションや異文化理解の厳しい実体験を通じて、長期留学の必要性を実感させることを目的とした 2 つの 1 〜 2 年次むけ海外プログラムの事例です。「FIRST」と「SECOND」の両プログラムに共通していることは、英語すらあまり通じない国に教員の引率なく赴かせて、現地での宿泊先は自分たちで確保させ、言葉がなかなか通じない中でもコミュニケーションをなんとか取らせ、与えられたミッションを遂行させるプログラムであるということです。あえて厳しい異文化環境を体験させることで、一歩踏み込んでコミュニケーションをとる姿勢の重要性を理解させた上で、長期留学で学ぶ必要性を感じさせたり、長期留学に耐えうるマインドセットを培わせたりすることを狙いとしたプログラムです。

「FIRST」は、1 年次向けの海外学修入門プログラムとして位置づけられ、募集人員 156 人 (2017 年度) で韓国 (2018 年度は台湾) にて 6 月に 5 日間の日程で実施されます。本プログラムの最大の特徴は、学外で実施する異文化オリエンテーリングです。国内学生が少人数グループに分かれて、大学が示す目的地に自分たちの力で、現地の人々に教えてもらいながらたどり着かせるということが主たる取り組み内容となっています。これ以外にも、例えば"移

民を受け入れられるか"などといったテーマを与え、現地の人々にグループ当たり200人のインタビューというノルマを与えて調査をさせるような課題も追加されたりします。渡航前には事前学習として韓国語の授業はおこないますが、参加する多くの学生は韓国語をほとんど話せないので、インタビューする相手によって片言の言葉に英語、日本語、ジェスチャーなどを交えながら、何とか意思疎通しようと四苦八苦します。また同プログラムに参加する学生は、現地での宿泊先を予め自分で予約しなければなりません。当大学ではこうした取り組みを通して、一歩踏み出してコミュニケーションをとろうとする姿勢の涵養を狙いとしています。

「SECOND」は、1〜2年次の国内学生と国際学生の両学生を対象としたプログラムで、東南アジア地域での調査活動に取り組みながら、異文化理解を

	FIRST (1年次対象、6月の5日間、韓国で実施)	SECOND (1・2年次対象、8月の2週間、東南アジアで実施)
事前学習	✔ 韓国語等の準備授業	✔ 現地東南アジアの社会や文化についての学修 ✔ 国内学生と国際学生の混合グループ作り ✔ グループ毎に調査テーマ、仮説、調査計画を決定する
現地での活動	✔ 現地到着後クジ引きで目的地決定 ✔ ハングル語で書かれた地名だけをヒントに現地の人とコミュニケーションを図りながら目的地を目指す ✔ 目的地でアンケート調査を行い、宿泊施設も現地でグループごとに探して確保する	✔ 現地到着後クジ引きで目的地決定 ✔ 自力で目的地に到着したら、調査アンケートを実施 ✔ 振り返り授業 ✔ 調査結果について現地でプレゼンテーション大会を実施
事後学習	✔ 活動結果についてのプレゼンテーション大会を実施	

図 3-8　立命館アジア太平洋大学　長期留学を促すための海外プログラムの事前・事後学習と現地での活動

促進することを狙いとした募集人員 50 人（2017 年度）のプログラムです。8 月の 2 週間を使い実施されます。教員の引率者はつけず、また参加する学生は宿泊先を現地で手配しなければなりません。現地に赴く前の事前授業で、東南アジアの訪問国の社会や文化について予め学修するとともに、現地で調査に取り組む際の国内学生と国際学生を混合したグループを作り、グループごとに調査テーマ、仮説、調査計画を決定します。現地では、まずシンガポールに入国し、マレーシア、タイ、ラオスの順で移動しながら、調査を進めていきます。参加学生はゴールのラオスで落ち合い、振り返りをおこないます。学生には、調査そのもののみならず、グループ内での異文化コミュニケーションに加え、現地での異文化コミュニケーションも求められ、学生にとって体力的にも精神的にもハードなプログラムとなっています。

観点 4：英語教育プログラムの工夫

1）国際教養大学（河合塾編著（2018）『グローバル社会における日本の大学教育』東
　信堂より）　※ 2016 年度調査に基づく内容です。

　本事例は、英語だけで展開される専門科目で無理なく学修できるようになることと、卒業に必要とされる海外留学に参加することとを目標とし、1 年次を中心に徹底した英語教育を受けざるを得ないカリキュラム構造になっているという事例です。

　当大学のカリキュラムの最大の特徴は、全ての科目で英語による授業がおこなわれているということと、1 年間の「海外留学」が必修化され、留学先の大学で 30 単位程度の単位を取得してこなければならないということです。そのため、英語で科目を学べるだけの高い英語力を身につける必要があります。そこで同学部では 1 年次に EAP を開設し、英語のレベル別コースを用意して、学修のツールとして英語が使える英語教育に徹しています。

　1 年次では、まず EAP プログラムで徹底した英語教育を受けます。その時点での当面の目標は、英語の 4 技能をバランス良く学んで、英語だけで展開される基盤教育科目、専門教育科目を無理なく学べるようになること、そして 3 年次に「海外留学」に赴くために必要な要件である TOEFL ITP スコア

550 をクリアすることです。

　新入生は、入学後すぐに TOEFL ITP を受検し、その結果に基づいて、EAP の 3 つのコース (EAP Ⅰ：スコア 479 以下、EAP Ⅱ：スコア 480 ～ 499、EAP Ⅲ：スコア 500 以上) に振り分けられ、EAP プログラムで最初に学ぶコースが決められます。入学直後の多くの学生は EAP Ⅲ に配属され (全 6 クラス)、1 年次春学期に同コースを履修して EAP を修了し、秋学期以降は基盤教育科目 (英語で学ぶ教養科目) を中心とした学修へと移行しています。EAP Ⅱ に配属された学生は春学期で同コースを履修し (全 2 クラス、ライティング科目のみ 3 クラス)、秋学期には EAP Ⅲ を履修して EAP を修了することになります。EAP Ⅰ に配属された学生は (全 1 クラス)、春学期に EAP Ⅰ を、秋学期には EAP Ⅱ を、そして 2 年次春学期には EAP Ⅲ をそれぞれ履修し EAP を修了します。ただし、EAP の進級・修了にあたっては、TOEFL ITP のスコア、各クラスの出席や成績などの定められた要件を満たす必要があります (EAP Ⅱ への進級はスコア 480 以上、EAP Ⅲ への進級はスコア 500 以上)。また、EAP Ⅱ・Ⅲ に所属する学生は、EAP ブリッジ・プログラムの 3 科目 (「ブリッジ・コース」「英作文Ⅰ」「アカデミック・リーディング」) やその他の基盤教育科目から 1 ～ 2 科目を選んで履修することができ、EAP で学術的な英語力を修得しながら“英語で学ぶ”ステージに段階的に入ることができます。一方、EAP Ⅰ の学生については、まずは TOEFL ITP スコアを向上させ、EAP Ⅱ にステップアップできるよう英語学修に集中させています。

　帰国生や英語能力に卓越した学生 (TOEIC ITP スコア 550 以上) が入学直後に配属されるのは、高校教育から大学教育への橋渡しとして開設されている EAP ブリッジ・プログラムです。同プログラムは 3 科目で構成され、いずれも 1 年次の必修科目となっています。英語のリスニング、スピーキング、リーディングの能力が優れていても、英語で学術的な文章を書く能力も優れているとは限りません。そのため、同大では入学時点で「海外留学」の許可要件である TOEFL ITP スコア 550 以上をクリアし英語能力の備わった学生に対し、特に「英作文Ⅰ」で英語によるアカデミック・ライティングのスキルをいち早く指導するためにこのような仕組みにしています。

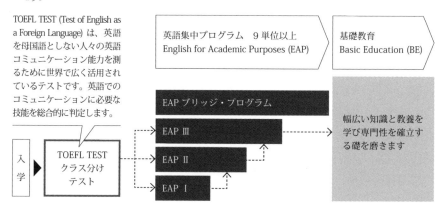

図 3-9　国際教養大学　英語教育プログラム

EAP Ⅰ（計9単位）			EAP Ⅱ（計9単位）			EAP Ⅲ（計9単位）		
科目名	単位	適当授業数	科目名	単位	適当授業数	科目名	単位	適当授業数
Intermediate Reading	3	2	High Intermediate Reading	3	2	EAP Academic Reading	3	2
Intermediate Writing	3	2	High Intermediate Writing	3	2	EAP Academic Writing	3	2
Intermediate Listening and Speaking	3	2	High Intermediate Listening and Speaking	3	2	EAP Academic Listening and Speaking	3	2
TOEFL TEST Preparation	–	1	TOEFL TEST Preparation	–	1	–	–	–
Computer Basic	–	1	Computer Basic	–	1	Computer Basic	–	1

　EAP の特にライティング科目では、単なる語学教育だけではなく、引用のルールなどのレポート作成の基礎についても指導しています。こうしたレポートのテーマには、アカデミックな要素と時事的トピックの要素とをそれぞれ取り入れています。スピーキングやリスニングの能力は、英語で授業を受けているうちに自然と身につきやすいものですが、ライティング能力は簡単には身につきません。一方、学生は4年次に卒業論文に当たるものとして、A4用紙20枚程度でまとめるキャップ・ストーン・ペーパーを英語で執筆し

なければなりません。そのため、キャップ・ストーン・ペーパーを執筆するのに必要な、論理展開力も身につけられるように指導しています。

2) 芝浦工業大学　システム理工学部（平成29年度文部科学省委託事業「日本人の海外留学の効果測定に関する調査研究」より）

　本事例は、理系の専門分野での英語コミュニケーション能力を全ての学生が身につけられるよう、各学修段階を意識して設計された英語カリキュラムであるということを特徴とした事例です。学士課程での英語カリキュラムを俯瞰すると、1年次には英語の基礎力を養成させ、2年次には理工分野での英語の基礎力を、3年次にはプレゼンテーションなど理工分野での実践的な力をつけさせて、そして4年次には英語の論文を読み込ませながら、専門分野での研究にも活かせる英語能力を身につけさせるという構造になっています。

1年次		2年次		3年次		4年次	
前期	後期	前期	後期	前期	後期	前期	後期
英語基礎力養成期		理工英語力養成期		理工英語実践期		理工専門分野 英語実践期	
TOEIC 450 以上		English for Science and Technology I	English for Science and Technology II	理工系英語プレゼンテーション	語学検定対策講座	・各研究室での専門分野の英語修得 ・TOEIC スコア470点未満の場合、e-Learning による課外補習	
English Advanced Skills I	English Advanced Skills II						
TOEIC 450 未満							
English Basic Skills I	English Basic Skills II						
TOEIC 295 以下							
English Remedial Course I	English Remedial Course II						

図 3-10　芝浦工業大学 システム理工学部　英語教育プログラム学習と現地での活動

　当学部の英語のカリキュラムは、グローバル化が進む中で活躍できるような実践的な英語力を学生が身につけることを目標に組まれています。卒業要件として英語科目は8単位を取得することが課されており、英語科目は全て選択科目とされてはいても実質的には必修科目と同等の位置づけとなっています。

　カリキュラムは、1年次は"基礎英語力養成期"、2年次は"理工英語力養成期"、3年次は"理工英語実践期"、4年次は"理工専門分野英語実践期"とし、基礎から応用、そして一般英語から理工学英語へと進むようデザインされています。

　"基礎英語力養成期"の1年次には、まず入学後TOEICを受験し、その結果によって履修する科目が決められます。TOEICスコア450点以上の学生は「English Advanced Skills Ⅰ・Ⅱ」、それ未満の学生は「English Basic Skills Ⅰ・Ⅱ」をそれぞれ履修します。なお、スコア295点以下の学生は、同時に「English Remedial Course Ⅰ・Ⅱ」も履修することが「English Basic Skills Ⅰ・Ⅱ」を履修する要件とされています。これらの科目では、アカデミックな場面における客観的・批判的な議論ができる基礎的な能力を養うことを共通テーマとしています。特に、ReadingとListeningの比重を高くし、英語表現の知識を充実させ、また英語を聞き取る能力の向上を目指しています。

　"理工英語力養成期"の2年次「English for Science and Technology Ⅰ・Ⅱ」では、理工系分野での場面に必要な英語表現力を身につけることをテーマとしています。特に、WritingとSpeakingの比重を高くし、自分の考えを伝える能力の涵養を目指しています。なお、同科目もTOEICスコアによるクラス分けがおこなわれており、2年次新学期開始時までのスコア中、最も高いものを用いておこなわれます。

　"理工英語実践期"の3年次には「理工系英語プレゼンテーション」が設置されており、ここでは英語で口頭発表をし、文章を書く能力を高めることが目的とされています。また「語学検定対策講座」では、TOEIC等の検定試験で高得点を記録するためのトレーニングに取り組みます。当学部では、4年次の進級時に、それまでに受けたTOEICで470点以上のスコアを取得してい

ることを目標としており、同科目はこの目標にもかかわるものとなっています。なお、この目標を達成できていない学生については、4年次に正課外の学修として e-Learning による補習を受けその達成を目指すよう促しています。

"理工専門分野英語実践期"の4年次には研究室英会話として、学生が所属する各研究室にて、研究分野に関する英語指導を指導教員から受けます。研究室によっては外部から英語のネイティブスピーカー講師を呼び、指導をしてもらうこともあります。

当大学では、英語コミュニケーション能力の向上を目指す学生のために、英語のネイティブスピーカー講師による年100回の有料英会話教室をキャンパス内で開講しています。正課外かつ有料ではありますが、少人数クラスで密度の濃い指導を安価で受けられるため、多くの学生が受講しています（2015年度ではのべ539人）。

3) 甲南大学　マネジメント創造学部マネジメントコース（河合塾編著 (2018)『グローバル社会における日本の大学教育』東信堂より）　※ 2016 年度調査に基づく内容です。

本事例は、学生が関心を持ちやすい1つのコンテンツをキーに、科目間を連携させることで4技能の学修をバランス良く進めることを狙いとした英語教育プログラムの事例です。当コースが所属するマネジメント創造学部の教育基本方針では、総合的マネジメント能力を有し、社会に貢献できる人材の育成を目指すとしており、この総合的マネジメント能力とは以下の能力として定義しています。

> 個々人が、自らの所属する組織、地域社会あるいは日常的生活の中で、様々な問題に直面しつつ社会を生き抜くために必要となる、問題の本質を見抜き、個人あるいはチームとしてその問題解決に向けた適切なアクションを実行し、やり抜く力であり、複雑化する諸問題に怯まず立ち向かうことのできる汎用性の高い力、さらには自分自身を管理、成長させることをも含む総合的な能力

例えば1年次では、

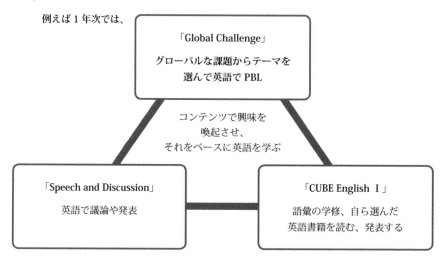

図 3-11　甲南大学マネジメント創造学部　英語教育プログラム

（引用：甲南大学ホームページ　https://www.konan-u.ac.jp/info/houshin/cube/ より、
2020 年 3 月 1 日閲覧）

　この教育基本方針のもと、当コースのカリキュラムは、学年を越えたグルー
プで取り組むプロジェクト科目、グローバル人材を育てるための英語教育プ
ログラム、国内外でのフィールドワークの3つを特徴として構成されていま
す。当コースの英語教育プログラムは、1年次から2年次前期までは必修科
目として英語を集中的に学び、2年次後期からは選択科目として英語を学ぶ
というものです。

　1年次前期の「Global Challenge」では、環境と自然、人口、平和と対立など
グローバルな問題を取り上げ、英語による関連動画の視聴、講義、そして資
料などを踏まえて、英語で議論し、自分の意見を英語でまとめて発表すると
いう流れで授業が進行されます。英語でグローバルな問題について学びなが
ら、英語を読む力、英語で書く力、そして英語で発表する力も育成されると
いう流れが、1つの科目の中で作られています。ニュースや新聞でも取り上
げられているようなコンテンツをテーマにすることで、学生の興味関心を引

き出す工夫がなされています。

　同じく 1 年次前期の「Speech and Discussion」では英語コミュニケーション力の強化に重点を置いた授業が展開されています。自分の出身地や趣味などの簡単な自己紹介など、まずは英語による平易なレベルでのペアワークやグループワークから始め、最終的には英語で議論や発表ができるレベルにまで引き上げます。なお、この授業の中で「Global Challenge」の授業で取り上げたテーマの中から自分の関心のあるものを選んで、その授業で学修したことやそれについての意見をポスター発表する機会が設けられています。

　1 年次の前後期に設置されている「CUBE English Ⅰ・Ⅱ」(CUBE：学部の建物の形状に由来したこの学部の愛称) は、前述 2 科目で学ぶ語彙をまとめて整理するなど、2 つの科目での学修を下支えする役割を担っています。学生には広いテーマで楽しく英語に親しませるために、大学構内のメディアセンターにある書籍の多読にも取り組ませています (メディアセンターに配置された英語の書籍は、テーマや、使われている英語のレベルがわかるように配架されています)。1 年間で、のべ 6 万語にあたる 40 冊の書籍を自ら選んで読み、授業ではその内容について発表させています。この取り組みにより、学生の興味関心の幅を広げるともに、英語の語彙力強化にもつながっています。さらに、学生の英語の学びを自律的なものにすべく、「CUBE English Ⅰ」での学びをどのように「Global Challenge」と「Speech and Discussion」につなげるか、何のために英語の学習をするのかなどのテーマで、自ら Learning Journal を英語で作成させています。また、英語学習の進捗について 1 対 1 の面談をおこなうことで、学生の学習・生活状況とモチベーションについての把握と英語力向上に向けたアドバイスをおこなっています。

第 2 節　　本章のまとめ

　本章では、短期の留学および海外プログラムの効果をより高められるように工夫された海外プログラムについて、授業やカリキュラムのデザインを重視しつつ 4 つの観点から事例を紹介しました。

「観点1：海外プログラムそのものでの教育効果の最大化を図っている事例」では、日本の学生と日本以外のアジアの学生との多国籍チームを組んで取り組む、綿密に設計された理系PBLの事例（芝浦工業大学）、現地の社会問題をテーマに、充実した事前学習を踏まえて学生自らが課題設定をして現地調査をし、帰国後にレポートをまとめるという研究を意識したPBLの事例（お茶の水女子大学）、工学系テーマを基本に、英語学修や現地での様々な英語コミュニケーションを通じ、アントレプレナーシップなど国際的な工学系技術者・研究者に必要とされるマインドセットを育むことを目的とした工学系プログラムの事例（九州大学 工学部）を紹介しました。いずれのプログラムも、設定した教育目標に基づいて、担当する教職員が現地での学修を綿密に設計した濃厚な事例となっています。

「観点2：海外プログラムを活用してそれを含むカリキュラムとしての教育効果の最大化を図っている事例」では、1年次に言語やその言語を使用する地域について現地で学ぶことにより、4年間の学修の動機づけをおこなう科目として機能している事例（東京外国語大学）、1年次の春学期でのカリキュラムを事前学習、渡航後の秋学期でのカリキュラムを事後学修となるよう設計され、カリキュラムでの位置づけが明確な事例（国際基督教大学）、経営学を英語で学修できる力をつけることを目的としたカリキュラムの中で、必修科目として設置されている事例（立教大学 経営学部 国際経営学科）、ディプロマ・ポリシーに対応させて、医学の専門教育カリキュラムの各教育段階に関連づけて海外プログラムを開設している医学部での事例（東京医科歯科大学 医学部医学科）を紹介しました。外国語系学部に加え、経営学系と医学系でもカリキュラムでの位置づけが明確になされた海外プログラムの事例となっています。カリキュラムマネジメントの強化による大学教育改革が指摘されていることを踏まえれば、これらの事例は参考になるものと考えられます。

「観点3：短期の海外プログラムによる長期留学への呼び水効果」では、交換留学などの長期留学への参加を促すことを目的に、学生の状況に応じた複数の短期海外プログラムを用意し効果を上げている事例（東北大学）、あえて異文化コミュニケーションや異文化理解の厳しい実体験をさせ、長期留学の

必要性を実感させることを目的とした事例(立命館アジア太平洋大学)を紹介しました。短期海外プログラムの目的の1つには長期留学に参加するための布石づくりということがありますが、これらの事例はタイプこそ異なりますが、学生の状態や教育方針を踏まえて設計され、実績を上げている事例となっています。

「観点4：英語教育プログラムの工夫」では、英語による専門科目の学修と必修の長期留学に参加することとを目標に、そのために工夫を施しかつ徹底した英語教育を1年次で実践する事例(国際教養大学)、理系の専門分野での英語コミュニケーション能力を全学生が身につけられるように、各学修段階を意識して設計された英語プログラムの事例(芝浦工業大学 システム理工学部)、学生が関心を持ちやすい1つのコンテンツをキーに、科目間を連携させることで英語4技能の修得をバランス良く進めることを狙いとした英語プログラムの事例(甲南大学 マネジメント創造学部 マネジメントコース)を紹介しました。一般に海外プログラムに参加するためには、英語の修得は重要です。入学時における学生の英語の修得状況は、大学、学部、学科などによって様々であることを踏まえ、ここでは目的に応じて実践されている工夫の凝らされた英語プログラムを参考事例として紹介しました。

最後に、海外プログラムの事例の調査を通して明らかになった課題もありました。海外プログラムによる教育効果を、いかに可視化するかということです。このことは調査にご協力いただいた大学教職員の方々からも、幾度となく提起されました。大学教育改革の文脈においても学修成果の可視化は大きな課題となっていますが、海外プログラムについても例外ではありません。調査で明らかになった実践されている方法としては、英語の検定、アンケート、自己評価、海外プログラムでの学修にかかわる成果物などを評価するというものがありました。大学によっては、これに独自の評価指標を開発して用いているという事例もありました。今後は、海外プログラムを通じて学生に身につけさせたい能力や素養を勘案し、必要に応じて複数の評価手段を組み合わせつつ、それぞれのプログラムに応じて適切な評価方法を開発していく必要があるものと考えられます。

参考文献

河合塾（2017）『2016 年度「グローバル社会に対応した大学教育」調査報告書』河合塾.

河合塾（2018）『平成 29 年度文部科学省委託事業「日本人の海外留学の効果測定に関する調査研究」』，文部科学省ホームページ <http://www.mext.go.jp/a_menu/koutou/ryugaku/__icsFiles/afieldfile/2018/11/22/1411310_1.pdf 日本人の海外留学の効果測定に関する調査研究 >.

河合塾編著（2016）『大学のアクティブラーニング 導入からカリキュラムマネジメントへ』東信堂.

河合塾編著（2018）『グローバル社会における日本の大学教育』東信堂.

独立行政法人日本学生支援機構海外留学支援制度（協定派遣・協定受入）評価分析委員会（2015）『留学生交流支援制度／海外留学支援制度評価・分析（フォローアップ）調査報告書』独立行政法人日本学生支援機構.

野水勉，新田功（2014）「海外留学することの意義 ＝平成 23・24 年度留学生交流支援制度（短期派遣・ショートビジット）追加アンケート調査分析結果から―」ウェブマガジン『留学交流』2014 年 7 月号 vol.40, pp.20-39. <https://www.jasso.go.jp/ryugaku/related/kouryu/2014/__icsFiles/afieldfile/2015/11/18/201407nomizunitta.pdf>2018 年 11 月 1 日アクセス.

文部科学省（2018）『「外国人留学生在籍状況調査」及び「日本人の海外留学者数」等について（別添 2）』文部科学省ホームページ <http://www.mext.go.jp/a_menu/koutou/ryugaku/__icsFiles/afieldfile/2017/12/27/1345878_02.pdf> 2018 年 11 月 1 日アクセス.

横田雅弘，芦沢真五，太田浩 et al（2016）『グローバル人材育成と留学の長期的なインパクトに関する調査報告書』国際教育研究コンソーシアムホームページ <http://recsie.or.jp/wp-content/uploads/2016/04/Survey-on-study-abroad-impact_final20170529.pdf>2018 年 11 月 1 日アクセス.

Chieffo, L., & Griffiths, L（2004）. Large-scale assessment of student attitudes after a short-term study abroad　program. Frontiers: The Interdisciplinary Journal of Study Abroad, 10, pp.165-177.

Dwyer, M. M.（2004）. More is better: The impact of study abroad program duration. Frontiers: The interdisciplinary journal of study abroad, 10, pp.151-163.

Kehl, K., & Morris, J.（2007）. Differences in global-mindedness between short-term and semester-long study abroad participants at selected private universities. Frontiers: The Interdisciplinary journal of Study Abroad, 15, pp.67-79.

Kurt, M. R., Olitsky, N. H., & Geis, P.（2013）. Assessing global awareness over short-term study abroad sequence: A factor analysis. Frontiers: The Interdisciplinary Journal of Study Abroad, 23, pp.22-41.

第4章　日本人の海外留学効果測定の調査研究
——SEM・傾向スコア・決定木を用いて——

村澤昌崇（広島大学高等教育研究開発センター准教授）
中尾　走（広島大学大学院）

はじめに

　私たちが取り組んだのは、文部科学省から河合塾に委託された「日本人の海外留学の効果測定に関する調査研究」の再委託の研究であり、主にデータの分析の方に従事しました。われわれのチームは、広島大学の高等教育研究開発センターの准教授であり副センター長も務める村澤昌崇と、村澤の指導する大学院生の中尾走により構成されています。

　実際の分析の前に、いくつか前提を共有しておく必要があります。近年、教育改革も含めた行政改革の文脈において、EBPM（Evidence-Based Policy Making）という言葉をもしかしたら小耳に挟んだことがおありかもしれません。日本語に訳せば「証拠に基づく政策立案」という意味であり、政策を立案して実際に運用するためには、思いつきではなくて、情報収集や分析結果という証拠・根拠の裏づけをおこなうべきである、ということを意味します。今回お引き受けした留学の効果の分析についても、証拠に基づいて政策を進めていこう、あるいは、「留学政策には効果がある」という証拠を示すことを通じて、今後の留学政策の妥当性を内外に示せ、という要請に基づいているのではないか、とも思われました。

　実際には、特に経済学や社会医学の方々を中心に EBPM は推進されており、その特徴は、単なる情報や分析結果ではなく、「因果関係が明確になる」証拠が必要とされている点です。さらに、因果関係を明確にすることが可能な分析手続きや手法の適用も推奨されており、例えば手法には、ランダム化

比較実験、データであれば、個人を経時的に追跡して変化が把握できるパネルデータが推奨されたりもしています。ただ、実際には、そのような理想的な分析方法や理想のデータが必ずしも得られる訳ではありません。理想的な分析環境を整えるためには、ヒト・モノ・カネ・時間の4要素をそろえる必要があります。それらをそろえることとは別に、ヒトを実験の対象のように扱うことの倫理的な問題もあります。そして、これら諸条件がそろったとしても、上記の因果推論手法に関わる固有の問題もあり、総じて適切な結果を導ける保証はなにもありません。

　こうした背景を踏まえた上で、今回分析に従事させていただいたデータを拝見しますと、対象となっているのが留学した学生限定であり、留学した学生と留学していない学生を横断的に追跡したデータではありません。ただし、複数年次でほぼ同じ調査項目によりデータを取得してはいるので、対象となる学生集団は異なるけれども、集計値の経時的な変化を確認することは可能です。また、一部のデータは、留学に行った学生に関し、能力の事前事後評価をおこなっています。一見すると、こうしたデータであれば、事後に能力が高まれば、それを留学の効果と言えるのではないか、と思われるかもしれませんが、残念ながらそうではありません。

　このようなデータの限界はどこにあるのか。「留学していない人」が不在なのです。留学の純粋な効果を見るためには、均質な学生を二群に分けて、一方を留学させ、もう一方を国内にとどまらせた上で、同一テスト等で比較する方法が考えられます。実験的な方法ですね。留学以外の条件を全て等質にすることで、留学という「介入」「処置」の純粋な効果を析出することが可能となる訳です。あるいは、上述のような、留学生限定だけれども留学前後で同一の能力評価の尺度での測定がある場合はどうでしょうか。この場合に留学の効果を純粋に抽出するためには、「留学した学生がもし留学しなかったら」というケースと比較することが必要です。ただし、前者の場合は、事前の調査計画さえ明確でしっかりしていれば対応は可能ですが、お気づきのように後者の場合は、仮の話つまり反実仮想なので、データは得られません。さらに、もし仮に反実仮想のデータも含め、上述したようなデータが得られ

たとしても、実のところ留学の厳密な効果を析出できるかどうかはわかりません。なぜなら、実験のような統制された環境と異なり、留学というケースは、留学自体や留学の効果を見たい能力に影響を与える留学以外の諸々の要因を統制しにくいからです。例えば、留学期間中に日常生活自体が一変する可能性を否定できないので、たとえ留学後に能力の変動があったとしても、それが留学の効果なのか、海外に出て行ったことでライフスタイルが変化したことの効果なのかを峻別することができません。言い換えれば、留学以外で能力に影響のある様々な状況を同時に把握しておく必要がある、ということになります。残念ながら、今回頂戴したデータは、学生に関する社会経済的背景のデータ、在学中の学習・生活スタイルのデータ、および留学中の行動のデータなど、ありとあらゆるデータが不足していて、厳密に留学効果を分析することはまず無理だと、あらかじめ申し上げておかねばなりません。ただ、現実問題としては、留学を経験してない人をどのように留学プロジェクトの中に位置づけて、データとして集めて調査対象にするか、という研究デザインを構築しておく必要がある訳ですが、それは簡単ではない、と思われます。ですから、あくまで、今回のデータから引き出し得る知見は、かなりの条件付きである、ということを念頭に置いておく必要があります。

　このようなデータの制約の中で、われわれはどのような分析をおこなったのか。第1節は構造方程式モデルを応用して、留学生限定ではありますが、留学に関する取り組みの中で、どのような取り組みに効果が見られそうかを探索する分析をおこなってみました。その際、効果の指標は留学生の「留学満足度」としました。この分析で注目したのは次の2点です。すなわち、留学プログラムの種類（留学先の国の違い）と、留学期間です。つまり、どの国への留学プログラムに参加すれば留学満足度は高まるのか、留学期間はどの程度の設定が適切なのか――この2点に注目して分析をしました。

　後半第2節では、直近の2年分の留学生のデータに関しては、留学生に、留学前と留学後に能力の自己評価をしてもらっています。そこで、留学前後の能力評価の差分をとり、この差がどの留学プログラムによる効果であるのかを、傾向スコア分析という専門的な分析を応用して検討してみました。

第1節　SEM による留学効果の因果探索

　第1節では、どんな分析をしたかというのを簡単に、モデル・全体像をお示ししたいと思います。注目したのは「留学プログラム」と「留学期間」です。これらが留学満足度に影響を与えているかを検討します。その他の要因もこの**図4-1**には示されていますが、要するに、満足度に繋がる道筋を探索しているのです。つまり、プログラムや留学期間が満足度に与える効果を見る以前に、そもそもどんな学生やどんな大学がどのような留学プログラムに参入する傾向があるのか、留学期間の長短は個人属性や大学の置かれた環境に左右されているのか、等です。それをまず検討し、それらの属性的・環境的な要因の満足度に与える影響を統制した上で、留学プログラムや留学期間のより純粋な満足に対する効果に迫ろうとする、という意図がこのモデルに表されています。

　なぜここまでの分析をするか。留学政策は、「留学にとにかく行けばいい」ということではないと思うのです。やはり学生の個人的な状況や大学の置か

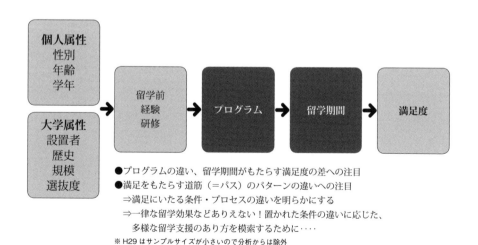

図4-1　留学は効果があるのか？　SEM による因果構造の検討

れた環境に寄り添うかたちでの留学政策というのがおそらく必要になるでしょう。ですから、この分析を展開すること、例えば「男性 (あるいは女性) にはこのような傾向があるから、こちらのプログラムでこの程度の滞在期間が良いかもしれない」という知見が得られる可能性がある分析をする、ということです。そうした分析を通じて、学生の背景や大学の状況によって留学プログラムの効果が違うことが推定されれば、その結果を参考に留学政策や大学改革を実施できるだろう。なんとか、そのような知見を得られるような分析のモデルを模索してみた、ということです。

1.1　留学満足度

　分析の中核に入る前に、そもそも留学の満足度自体は、どのような分布になっているのか、を**図 4-2** で見ておきましょう。この分布を見た瞬間に、「ああ、これでいい。満足度は高い。みなさん留学に満足しているのだから、留学政策は成功と言い切っても良い」と感じました。留学に満足しなかったらその政策は何の意味もないのですから。このプロットを出して「はい、留学満足度は高いです。政策は良好。これで話を終えていいですか」という気になりました。この満足度指標は、5 段階の「5」という数値が「とても満足している」を意味します。今回の分析結果ですと、「5」と「4」に集中しているのがわかりますね。平成 28 年度、29 年度は少し「4」に偏っていて「5」が減っています。この変化は実は測定尺度のトリックがあります。28 年度、29 年度は満足度を 10 段階で評価してもらっているのです。それを 26 年度と 27 年度と比較可能なように 5 段階にまとめています。おそらく、人は、こうした段階評価をする場合、測定尺度を詳細にすると極端な評価を避ける傾向にあるのでしょう。ですから、1 〜 5 段階の尺度であれば、「5」には○をしやすい。しかし 1 〜 10 の段階尺度だと、「10」に○をなかなか付けにくいのでしょう。結果として 8 あるいは 7 といった抑え気味な評価になるのだろう、と思われます。このような尺度の違いによる変化であることを否定できないので、この単純集計だけでは、満足度が「上がった、下がった」と判断はできない、ということではあります。

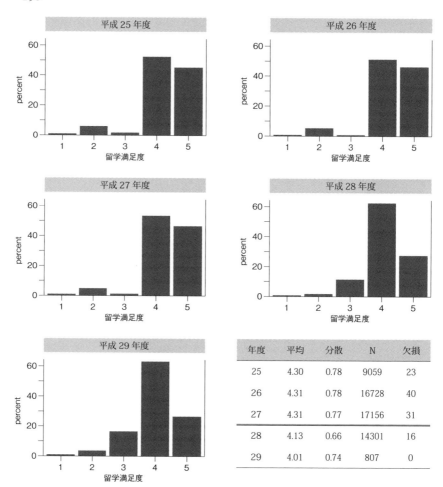

年度	平均	分散	N	欠損
25	4.30	0.78	9059	23
26	4.31	0.78	16728	40
27	4.31	0.77	17156	31
28	4.13	0.66	14301	16
29	4.01	0.74	807	0

●ただし、25 〜 27 年度と 28・29 年度の間に差が僅かにみられる。28 年度以降満足度が下がった？
　⇒満足度の測定方法の変更のせいだろう

図 4-2　参加者の満足度は通時的にみて高い

1.2　留学満足度の因果探索

　では、前半部分の核になる分析を見ていきましょう。留学満足度が何によって左右されるのか。**図 4-3 ～ 4-7** には詳細な数値が記載されていますが、数値の大きさはその矢印が刺さった先に対する影響力の強さと影響力の方向性を表しています。例えば留学満足度に対する矢印がプラスであれば、その要因は留学の満足度を上げる、と読み取っていただければけっこうです。われわれの関心は留学施策なので、その一つである留学プログラム、つまりどの国に留学生を送り出すプログラムなのか、どの国に送り出すプログラムがより有効なのか、を検討しています。複数の国を対象とした留学プログラムがあるのですが、因果分析をできるだけシンプルにするために、アメリカ合衆国に派遣する留学プログラムと、その他のプログラムとの比較をしています。もう一つの関心は、留学期間と満足度の関係です。これら 2 つに焦点を当てながら、平成 25 年度から平成 28 年度までの 4 年分のデータを用いての分析をおこないました。

　以上の分析結果をまとめますと、派遣プログラム➡派遣期間➡満足度という因果の経路が見られるようです。ただし、満足度の被説明力（疑似決定係数）は決して高くはないですね。やはり、留学に関わる実態だけでなく、学生の属性やこれまでの学校・大学生活やライフスタイルといった事象も合せて情報収集した上での、因果探索をする必要があるように思います。

　そうした制約条件の上で、効果の確認をしてみますと、アメリカに派遣するという留学プログラムの直接的な効果は、平成 25 ～ 27 年度の 3 年間は見られなかったのですが、平成 28 年度に限っては、アメリカに派遣することで満足度が高まるという効果が確認されました。その他の年度については、アメリカ派遣の満足度に対する直接的な効果は見られず、派遣期間を経由して満足度に至っています。数値の正負の符号も含めて検討しますと、アメリカへの留学は長期間になればなるほど満足度が下がっていることが見てとれます。むしろ、短期派遣だと満足度が高いのです。推測ですが、留学が長期にわたると、やはりその現地でいろいろトラブルに見舞われたりして、結果として満足度も下がってしまう可能性があるのかもしれません。

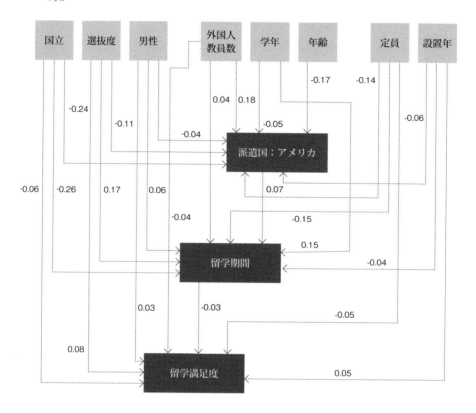

カテゴリカル SEM
モデル適合度：カイ二乗検定 :P=.827(1.499, df=4),CFI=1.000, RMSEA=.000, SRMR=.001, N=8,750
疑似決定係数　**留学満足度** :.008, 留学期間 :.061, 派遣国 _ アメリカ :.135
係数はすべて 5% 水準で有意

図 4-3　留学満足度へ至る路：H25

　ただし、アメリカ留学プログラムへの参入や派遣期間の長短は、大学の特性や学生の個人属性の影響があったことが確認されます。つまり、アメリカ留学プログラムへの参入や、留学派遣期間の調整が、全ての大学生に効果をもたらす訳ではなく、これら効果は、一部の大学や学生に限定的である、ということであります。この分析結果を踏まえますと、実際に現在「EBPM」＝証拠に基づく政策形成が推奨され、特に因果効果的な証拠に基づく政策形成

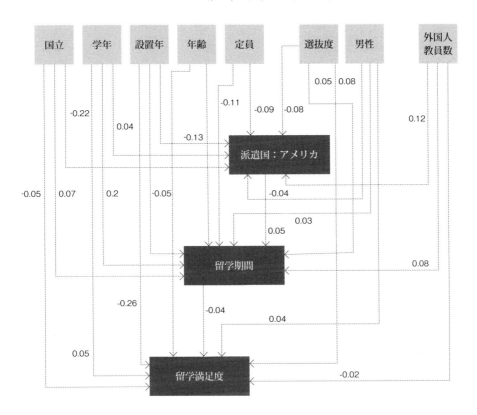

カテゴリカル SEM

モデル適合度：カイ二乗検定 :P=.000(59.013, df=3)，CFI=1.000，RMSEA=.034, SRMR=.004, N=16,125

疑似決定係数　**留学満足度 : .001**, 留学期間：0.09, 派遣国 _ アメリカ：0.05

係数はすべて 5% 水準で有意

図 4-4　留学満足度へ至る路：H26

が求められている現状では、留学効果をより厳密に測定するための、因果推論を応用する必要があると感じます。しかし、冒頭でも申し上げましたように、現況で提供されたデータやこれまでの背景を踏まえると、とても理想的な因果分析はできそうにありません。ただ、少しでも工夫により因果推論的な留学効果分析ができないものか。第 2 節ではその工夫をご披露します。

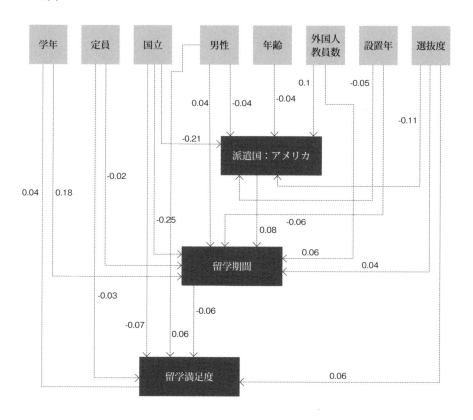

カテゴリカル SEM

モデル適合度：カイ二乗検定 :P=.611(5.404, df=7), CFI=1.000,RMSEA=.000, SRMR=.000,N=16,322

疑似決定係数　**留学満足度 : .01**, 留学期間 : .097, 派遣国 _ アメリカ : .074

係数はすべて 5% 水準で有意

図 4-5　留学満足度へ至る路 : H27

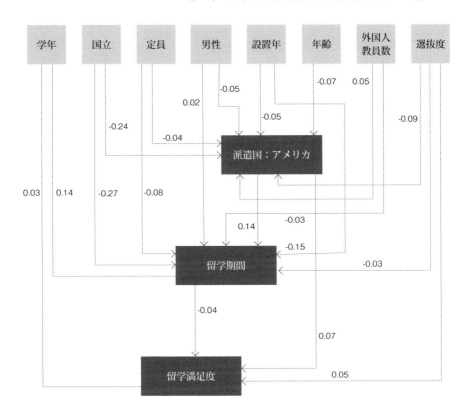

カテゴリカル SEM

モデル適合度：カイ二乗検定 :P=0.007(21.18, df=8), CFI=.928, RMSEA=.011, SRMR=.006, n=13,151

疑似決定係数　**留学満足度：.008**, 留学期間：.114, 派遣国 _ アメリカ：.066

係数はすべて 5% 水準で有意

図 4-6　留学満足度へ至る路：H28

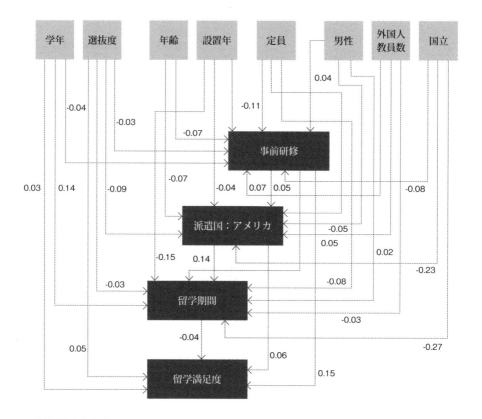

カテゴリカル SEM

モデル適合度：カイ二乗検定 :P=0.007(21.18, df=8),CFI=.928,RMSEA=.011,SRMR=.006,n=13,151

疑似決定係数　**留学満足度：.028**, 留学期間：.114, 派遣国_アメリカ：.068, 事前研修：.022

係数はすべて 5％水準で有意

図 4-7　留学満足度へ至る路：H28（修正版）事前研修をモデルに組み込み

第 2 節　傾向スコアによる留学の因果推論

　ここからは、最近 EBPM と抱き合わせで推奨されている因果推論の分析方法を用い、処置・介入としての政策や施策の厳格な効果を分析する方法を適用してみました。

　平成 28 年度と 29 年度のデータは、留学に行く前と行った後で能力の自己評価をおこなっています。前後の差がプラスであれば、留学に行ってプラスになったのではないか？と推察されます（厳密にはそこまで言い切れませんが）。これら平成 28 年度・29 年度のデータは、留学前の事前研修の調査項目が入っています。この事前研修こそが、留学における大学や政府の政策、つまり「介入」や「処置」として解釈することが可能です。この「事前研修」という取り組みが、どこまで留学生の能力の伸びに貢献したか？という分析をしてみました。

　ただし、留学に先立って事前研修に参加した学生と参加しない学生の間には、もしかしたら背景や特徴が異なっているかもしれません。そうすると、伝統的な分析により事前研修の効果がもしプラスであったとしても、もしかしたら、事前研修に参加した学生が、参加しなかった学生に比して真面目な学生だったから生じた効果かもしれない。要するに、事前研修の効果ではなく、学生の真面目さの効果かもしれません。これを丁寧に仕分ける必要があります。これが簡単ではないのです。なぜか。実際のデータは事前研修に参加したかどうかをコントロールできないのです。可能であれば、留学に行く学生について、事前研修に参加する学生と参加しない学生に分けておく。その上で、留学に行ってもらい、事後テストをおこなって事前事後の差をとり比較するという対応をすれば、事前研修の効果を厳密に析出できますが、こうした実験のような対応を留学に実際に行く学生に施す訳にはいきません。「実験のモルモットにしたのか！」と学生に訴えられかねませんから。理想的な研究結果を得るためには、このような実験を実施したいのですが、相手は人ですから、倫理的にも人権的にも簡単にはできません。

　しかしながら、統計学では実験に近い状況を仮に作り上げるという技法を

質問項目	5：強くそう思う	4：かなりそう思う	3：少しそう思う	2：どちらともいえない	1：そう思わない
Q4-1　自分からやるべき課題を見つけて率先して取り組むことができる					
Q4-2　仲間に働きかけ、問題点を一緒に改善するために行動することができる					
Q4-3　自ら目標を設定し、失敗を恐れず粘り強く行動することができる					
Q4-4　自分なりに現状分析して課題点を具体的に提示することができる					
Q4-5　課題に向けた解決プロセスを考え、計画的に実行することができる					
Q4-6　既存の発想にとらわれず、課題に対して新しい考えで、意見やアイディアを工夫して提案できる					
Q4-7　自分の意見をわかりやすく整理した上で、相手に理解してもらえるよう的確に伝えることができる					
Q4-8　相手の話しやすい環境を作り、適切な意見を引き出すことができる					
Q4-9　自分の意見ややり方に固執せず、相手の意見や立場を尊重して柔軟に対応できる					
Q4-10　チームで仕事をするとき、自分と周囲の人々や物事との関係性を理解することができる					
Q4-11　その場のルールや手続きに従って、自ら行動や発言を適切にすることができる					
Q4-12　ストレス状況に置かれても、自分の成長機会だとポジティブに捉え、前向きに対処することができる					
Q4-13　自分の文化背景の異なる場所また仲間とでも、リーダーシップを取ることができる					
Q4-14　リスクがあっても、挑戦してみることが大切だと考え、実行することができる					
Q4-15　不十分な外国語力であっても、何とか意味を伝えようと積極的に発信することができる					
Q4-16　自分とは異なる信仰や文化的背景を持っている人を理解し、受け入れることができる					
Q4-17　国内・海外を含めて、外国人との交流がある					
Q4-18　専門分野の勉強へのモチベーションがある					
Q4-19　語学の勉強へのモチベーションがある					
Q4-20　留学先の社会・習慣・文化に関する知識がある					
Q4-21　政治・社会問題・国際関係について、知識・関心がある					
Q4-22　社会での男女共同参画（男女平等）の重要性を認識している					
Q4-23　将来の方向性・進路について、明確な考えを持っている					

図 4-8　事前研修の効果

発達させてきました。特に EBPM の推進には方法論も抱き合わせで推奨されており、望ましさの点においてレベルがあるようです。今からご紹介する傾向スコアもその一つであり、**図 4-9** では「疑似実験」に相当します。アンケート調査など観察データでは事後的には操作はできないのだけれども、分析技術を駆使して、操作によって実験群と統制群に同じ性質の学生をあたかも割り付けたかのような処理をおこなうのです。具体的には、留学に行く予定の学生を、一方は事前研修に行かせ他方は事前研修に行かせないかのように装ったデータを仮想的に作り上げるという方法が、この傾向スコアという分析です。傾向スコアの詳細は、図 4-9 をご覧ください。

　実際の分析は、事前研修を受ける確率を、留学に行った人の①個人属性と②所属大学の属性から推定しました。①については、性別や年齢、性格に応じて、事前研修の参加・不参加が異なるかもしれません。そこで手持ちのデータで得られている個人属性のデータとして性別、年齢を用いました。また、②学生が所属している大学の特性に起因するかたちで、事前研修の参加の程度が異なる可能性があり得ます。そこで、公開されている大学の外形データから、所属大学の属性として、大学の設置者、選抜度、規模 (実員)、歴史、外国人教員数、外国人学生数を変数として用いました。

　では、実際に事前研修の効果というものを丁寧に見ていきましょう。最初にお示ししているこの分布 (**図 4-12** 参照) は、いわゆる傾向スコアを施す前です。これは留学前・留学後で能力評価の差分を取った分布をそのまま示しています。これを見ると、多くの学生が留学後の自分の能力評価をより高く評価していることがわかります。ただし、事前研修有り組と無し組とに分けてプロット重ねているのですが、ほぼ重なってしまっているので、原データでは事前研修の効果が確認できません。また、先ほどから申し上げていますように、事前研修の参加に偏りがある可能性があるので、この結果だけを見て事前研修の効果はない、と断定はできないのです。

　そこで傾向スコア分析を用いて事前研修に参加する人・参加入しない人の属性的な差をできる限り均質化した、コントロールした後の分布を示しましょう (**図 4-13** 参照)。C 統計量が、一般的な目安となる基準に比してやや低

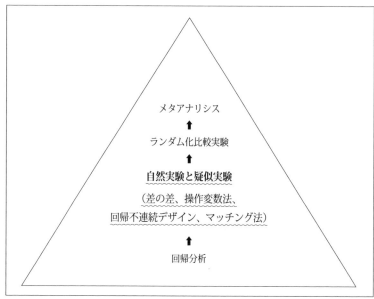

図4-9　エビデンスピラミッド

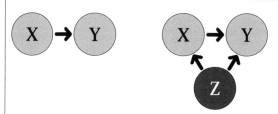

図4-10　傾向スコアの考え方 (1)

●Ⅹ（処置・介入＝1、なし＝0）をＺで予測するモデルを構成
　⇒Ⅹを［0 or1］から、予測確率で表現 ⇒ 反実仮想を算出できる！

●反実仮想：処置・介入を受けた人が、もし受けなかったら／処置・介入を受けなかった人が、
　もし受けたら

●因果効果は、上記の反実仮想も含めての検証をしないと、真の意味での因果効果の有無を確認できない

●‥‥が事実として観測されないのでやっかいだが、上述の予測確率として、代替可能となる！

●予測確率⇒実際の処置・介入にランダムに割り当てたように調整

●Ⅹは予測確率により代理されているので、Ⅹの処置・介入が、
　あたかもランダムに割り当てられたかのようになる！

●注意！：あくまで疑似！手持ちのデータで勝負するので、未測定の交絡因子を調整できない！

図4-11　傾向スコアの考え方 (2)

●事前研修をしっかりとすることは、留学効果をさらに伸ばすのか？？？
●パッと見、・・・事前研修の効果はなさそう

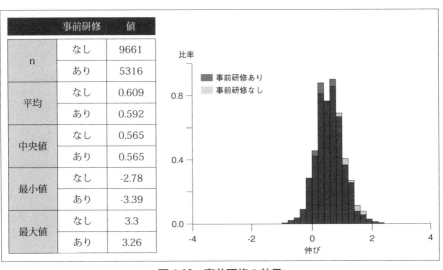

	事前研修	値
n	なし	9661
	あり	5316
平均	なし	0.609
	あり	0.592
中央値	なし	0.565
	あり	0.565
最小値	なし	-2.78
	あり	-3.39
最大値	なし	3.3
	あり	3.26

図4-12　事前研修の効果

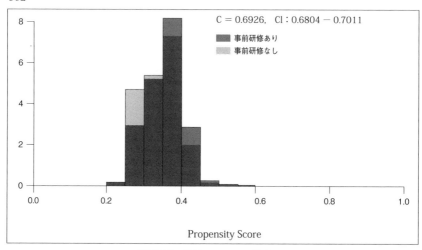

図4-13　傾向スコアの算出

い値となっていますが、「事前研修あり」と「事前研修なし」の群がほどよく重なっていることがわかります。つまり、傾向スコアにて事前研修の有無を予測するモデルを構築することにより、われわれの手元のデータにおいて、事前研修を受けた学生と受けてない学生について、先に挙げた個人・大学属性等の諸々条件がほぼ同じように割り付けられていることを意味しています。

　その上で事前研修に参加した学生集団と研修に参加していない学生集団間で、能力の伸びの比較をしてみました。そうすると、残念ながら事前研修に関する調整をおこなった後でも、能力の伸びの差が調整前と比べてもあまり変化がないことがわかります。ここまでの処理を施して初めて、事前研修と

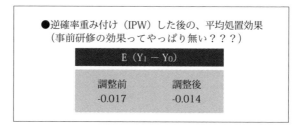

図4-14　事前研修の効果

いう「介入」「処置」の効果が無さそうだ、と推定されることになります。

第3節　決定木分析による留学効果の検討

　これまでの分析では、事前研修を受ける／受けないによる効果がほとんどないということになりました。これまでの分析は、得られたサンプル全体の平均的な効果を検討してきました。しかし、平均的には効果がなくても、実は一部では効果が見られる集団が存在している可能性があります。ただし、あくまで一部なので、サンプル全体の平均値だけを見ると、事前研修の効果がなかったかのように見えてしまうという可能性があります。そこで次に展開する分析は、最も効果が高かった集団と低かった集団を明らかにする、という作業をしてみました。決定木分析という技術を応用してみました。もし効果のある集団を抽出できれば、きめ細かい留学政策へとつなげることができるかもしれません。この発想に基づき、事前研修をした集団を細分化して下位集団、例えばその中の男女で比較したり、大学の規模の違いに基づいて比較をしてみると、事前研修の効果がある下位集団があるかもしれない。このような着想のもとでおこなった分析が決定木分析です。

　実際の分析を見てみましょう。分析の対象は「留学前後の能力の伸び」ですが、本分析では、事前研修に対する「能力の伸び」の条件付き分布を高い群と低い群で場合分けしていきます。ここで一つ注意していただきたいのが、これまで社会科学で用いられてきた決定木分析とは少し異なる点です。実際に、この分析を用いてみて、最初に能力の伸びの分岐（高低差が最も大きい2群を分ける境）を生じさせたのは、学生が所属する大学の実員数です（大学の規模の代理変数）。具体的には、実員が4,200人以下の場合と以上の場合で能力に（微妙な）差が見られるようです。

　このように、分岐させていった結果が**図4-17**のように得られました。事前研修を受けたとしてもそれなりにプラスの効果が得られた下位集団が判明しました。それが、学生の所属する大学の実員が4,200人以上かつ学生の年齢が23歳未満である集団です。そして、留学に行った学生の所属する大学

164

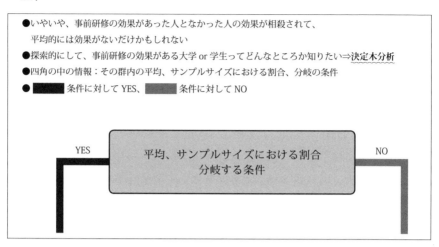

図 4-15　事前研修の効果

において、外国人学生数が 140 人から 300 人程度在籍している大学で、かつ留学先がカナダ・ドイツ・フランス以外です。このように、分岐を追っていくことにより、事前研修を受けた上で、最も能力の伸びが大きかった集団が、右側の集団であることが確認されました。

　手を変え品を変えてデータ分析をおこなったのですが、厳密に見ていくと、最も事前研修の効果が高いとされる集団でも、スコアの値自体は小さい

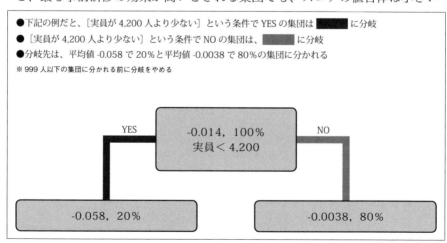

図 4-16　事前研修の効果

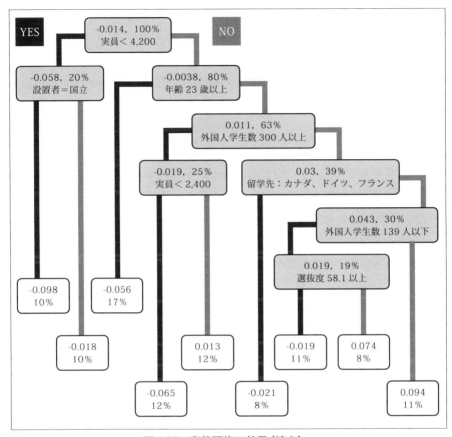

図 4-17　事前研修の効果（続き）

ことがわかります。原データによる能力の伸びの分布を思い出してください。
もともと、能力の伸びは留学の前後で 1 を超えています。事前研修を受けて
さらにプラスになるという集団の効果の絶対値は大きくても 0.094 しかない。
いくつかの技術を応用して分析してみましたが、現段階では事前研修をする
ことによる能力の伸びはあるとは言えないと、われわれのデータからは判断
せざるを得ないと感じます。

　ただし、ここで強調しておきたいのは、「結果が出ないなら、そのような
高度な分析をわざわざする必要がない」ではないのです。現在は、「EBPM」
が推奨されており、RCT をはじめとした処置・介入効果の分析が求められ

てはいるけれども、そうした分析は、集団の平均の差を検討しているので、本来効果がある下位集団の存在を見落とすことになり得るのです。われわれとしては、現在特に経済学者や社会学者の方々によって推奨されている分析手法を「猫も杓子も」というかたちで機械的に応用するだけではダメだということ、そしてそうした推奨される因果推論を超えて、もう少し丁寧な分析をやらなくてはならないということを提案したいのです。ただし、丁寧に分析をおこなった結果、効果は見出せていないのですが、逆に、事前研修を受けても受けなくても効果はほとんどなく、下位集団に分けても効果の同質性が高いという可能性があります。下位集団で、効果がある集団とない集団があり、平均的に事前研修の効果がないということと、下位集団に分けても効果がある集団とない集団に分けられないというのでは実践への活かし方が異なるということです。分析はわずか一例ですが、このようにいろいろと取り組むことの重要性をおそらく皆さんと共有していく必要があると考えております。

今回の因果推論を用いた分析では、留学に関わる事前学習の効果が認められなかった。しかしながら再三述べているように、今回用いたデータでは、留学関連の厳密な因果効果を析出するために必要な情報が限られており、この分析結果をもって効果が無いとは断定できない。事前研修への参加は、学生の特性（意欲、態度、能力、学力など）や友人関係、教職員との関係などによって変化することが想定されるので、これらが交絡要因となり、事前学習の効果が正しく推定されていない可能性が残されている。また、事前学習参加者については、事前学習の量や質による多様性が生じている可能性もあり、そうした情報が反映されていれば、分析結果は異なっていたかもしれない。いずれにせよ、限界のあるデータで示しうる結果は正確ではなく、どのような結果であろうとも政策や施策のエビデンスとしては乏しい、ということである。

第5章　特徴ある事例紹介　芝浦工業大学
──グローバルPBL──

井上雅裕（芝浦工業大学システム理工学部教授）

はじめに

　芝浦工業大学で実施しているグローバルPBLの内容とアセスメントについて報告します。なお、ここでのPBLはプロジェクト・ベースト・ラーニングの略です。

　芝浦工業大学は1927年に創立され、「社会に学び、社会に貢献する技術者の育成」を建学の精神としています。現在、これに合わせたかたちで人材育成目標を「世界に学び、世界に貢献するグローバル理工学人材の育成」と定めています。

　これからご紹介するグローバルPBLも、この人材育成目標に則ったカリキュラムデザインになっています。

第1節　グローバル人材育成目標とSGU（スーパーグローバル大学）としての数値目標

　本学は私立の理工系として、唯一「スーパーグローバル大学創成支援事業」に採択されていますので、それに対応した施策をおこなっています。

　まず理工系グローバル人材の育成目標ですが、以下のように設定しています。

● コミュニケーション能力

　幅広い工学知識と語学力を基盤とし、グローバルな環境下で発揮できる相互理解能力

- 問題発見解決能力

　分野横断的な思考力と倫理観を持ち、問題を発見し解決する能力

- メタナショナル能力

　自国の特色、価値を基盤とし、異文化を理解し、グローバルな視点で発想し行動する能力

- 技術経営能力

　幅広い知識資源を核とし、技術開発の社会的・経済的価値化をマネジメントする能力

　スーパーグローバル大学創成支援事業の、本学のターゲットは以下のとおりです。

①学部生の100％留学、4年間の在学中に全員が留学することが目標です。現在は約半数の学生が学部在学中に留学を経験しています。

②学位を英語だけで取得できるようにすることです。修士課程と博士課程はすでに英語だけで学位を取得できます。学部に関しては、2020年から全て英語で学位が取得できるプログラムをスタートさせる予定です。具体的な数値としては、学部では2016年度では英語で提供されている科目は200科目でしたが、2023年度には全科目の34％にあたる1,200科目に増やします。現在は、その約半分くらいの科目が英語になっています。大学院では、2016年度では150科目でしたが2023年度には93％にあたる420科目に増やすことが目標です。

③外国からの留学生は2016年度には全学生の10％にあたる842人でしたが、2023年度には29.4％にあたる2,820人に増やすことが目標となっています。

④外国人教員および外国に1年以上の留学経験のある教授の数は、2016年度が25.2％の76人でしたが、2023年度には60％の180人にすることを目標にしています。

第2節　芝浦工業大学の海外留学・海外プログラムの全体像

　本学が提供している海外留学・海外プログラムの全体像をお話しします。

　グローバル PBL は海外の学生と共同でプロジェクトを国内外でおこない、様々なバックグラウンドを持つチームメイトとのディスカッションや行動作業を通じて、グローバル人材に必須となる 4 つの能力（コミュニケーション力、グローバル人間力、異文化理解力、問題解決能力）の育成を目指しています。

　また、工学英語に関するコミュニケーション力を高めるために、工学英語研修を実施しています。これは東南アジアやインド各国の名門理工系大学へ約 2 週間滞在し英語を学ぶプログラムです。内容は一般的な英語にとどまらず、エンジニアリングに関連したテーマや、プレゼンテーション技法なども学びます。現地学生との交流や、現地企業の工場見学や研究室訪問もおこない、現地の異文化に触れつつ、世界で活躍できる技術者となるための基礎力を養います。加えて、英語の e ラーニングを無料で全学生が受講できるようにしています。

　異文化理解に関するプログラムとしては、欧米への語学留学に加えて、先ほど申し上げたように、あえて東南アジア、インドで英語を勉強し、その期間中に協定大学の研究室でのラボワークも組み合わせるという取り組みもおこなっています。

　これに加えて半年から 1 年間のプログラムとして、授業による単位取得を目的としたセメスターの留学、研究留学があります。

　これらが全般的なプログラムです。最終的には工学系の単科大学としてのグローバル化のモデルを作り、それを工科系大学に横展開できるようにしようというのが目標です。

　次に現在の本学の留学状況ですが、長期短期含めて 2017 年に送り出した留学生、海外派遣が 1,288 人です。さらに、図にはありませんが 2018 年度はすでに 1,300 人を超えています。**図 5-1** にあるように、10 年間で 34 倍になるという非常に大きな伸びを示しています。留学生の受け入れに関しても

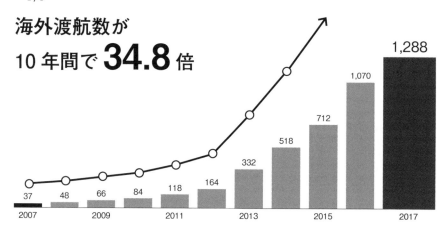

海外渡航数が
10年間で **34.8** 倍

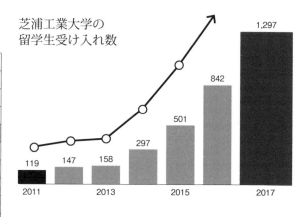

協定等に基づく海外派遣学生数 2016		
1	関西外国語大学	1,812
2	立命館大学	1,585
3	早稲田大学	1,469
4	関西学院大学	1,313
5	芝浦工業大学	964
6	慶応義塾大学	872
7	近畿大学	869
8	名古屋外国語大学	865
9	立教大学	858
10	関西大学	855

独立行政法人日本学生支援機構
平成28年度協定等に基づく日本人学生留学状況調査結果

図 5-1　芝浦工業大学の海外派遣学生数

2017年度に1,297人、2018年度もやはり1,300人を超えているという状況です。

　留学生の派遣先の大部分のプログラムは、協定等に基づいた連携プログラムとなっているので、2016年の場合は「協定等に基づく海外派遣学生数」は964名であり、これは国内の私立大学で5番目に多い人数となっています。2018年度は1,000人を超えたと思います。

　そして、これら海外派遣学生の約半数が、グローバルPBL参加者です。

第 3 節　グローバル PBL の概要

　ここからグローバル PBL について詳しく紹介します。

　まず、大部分のグローバル PBL は 2 週間程度の短期インテンシブプログラムです。場所を国内として海外から学生を招いて実施するものと、海外派遣型プログラムの 2 タイプがあります。プログラムの中には PBL を 2 回に分けて、1 回を国内で、もう 1 回を海外でおこない、この間にテレビ会議での活動を継続する PBL もあります。大部分のプログラムは海外か国内かどちらか 1 回というかたちで完結しています。海外派遣型プログラムについては各学部、学科、専攻の単位を取得できる正課のプログラムであり、それぞれの学部、学科、専攻の学修教育目標に合わせたかたちで設置しています。

　そして、日本の大学と東南アジアを中心とする大学、企業、政府機関が連携した GTI コンソーシアムを形成し、このコンソーシアムの中で複数の日本の大学と海外の大学とが一緒になって取り組むというかたちをとっています。これは**図 5–2** のように、研究と教育と社会貢献を一体的におこなうという理念のもとに取り組まれているものです。

　グローバル PBL は、このような日本の理工系大学に開かれた共同のプログラムとして進めているので、多くの大学に参画していただければと思っています。

　次の**図 5–3** は 2017 年度に実施した海外派遣型のグローバル PBL です。

　図表の中の 1 〜 25 は主に機械系、化学材料系、生命系、電気電子系の学科が実施しているものです。行先が右側の列に記載してありますが、東アジア、東南アジアが多く、一部がヨーロッパとなっています。

　26 以降に、情報系、建築系、環境系、分野横断があります。また教職課程も、ラオスで数学教育に関するプロジェクトをおこなうというグローバル PBL のプログラムを設置しています。

　このように、2017 年度では海外で 49、国内で 30 を実施し、トータルで約 80 のグローバル PBL となります。2019 年度は 100 を超える予定で、年々拡

世界の発展に貢献する
芝浦工業大学

■科学技術途上国を中心とした
　国と国の関係強化
■日本政府プロジェクトへの
　積極的な参画
■日本の先進技術、教育方法の伝播
■留学生の就職支援、
　教員・研究者としての採用

教育・研究・開発コンソーシアム GTI
Global Technology Initiative

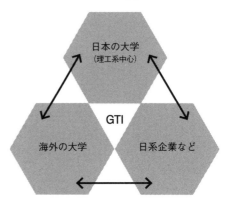

世界水準の大学制度
SGU of Science & Technology

・学長付託型ガバナンス改革
・世界に解放された柔軟な大学制度
・中長期計画（Toward Centenial SIT）の推進
・ダイバーシティの強化
・DD（ダブル・ディグリー）、
　JD（ジョイント・ディグリー）
・全学生海外派遣

学習・教育双方の質を保証する価値共創型教育

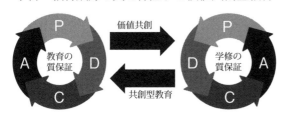

日本のものづくり文化を
活かす実践型技術教育

・日本のものづくり文化
・卒業研究・「同じ釜の飯を食う」
・日本企業でのインターンシップ
・Leadership/Followership
・技術論理
・日本型 ICT 情報伝達

図 5-2　三位一体推進戦略

教職協働による安全安心の海外研修

1	機械工学科	国立台北科技大学	台湾	7月
2	機械機能工学科	キングモンクット工科大学	タイ	7月
3	機械機能工学科	ポーランド科学技術大学	ポーランド	2018年2月
4	機械機能工学科	スナラリー工科大学	タイ	2018年3月
5	機械制御システム学科	ハノイ理工科大学	ベトナム	2018年2月
6	生命科学科	サラワク大学	マレーシア	8月
7	材料工学科	チュラーロンコーン大学	タイ	8月
8	材料工学科	チュラーロンコーン大学	タイ	9月
9	応用化学科	National Institute for Interdisciplinary Science and Technology	インド	9月
10	応用化学科	忠南大学	KOR	2018年1月
11	応用化学科	台湾科技大学	台湾	2018年2月
12	電気工学科	ハノイ理工科大学（電気工学英語）	ベトナム	9月
13	電気工学科	ハノイ理工科大学	ベトナム	9月
14	電気工学科	台湾科技大学	台湾	2018年3月
15	電気工学科	バンドン工科大学	インドネシア	9月
16	電気工学科	ハノイ理工科大学	ベトナム	2018年2月
17	通信工学科	プトラ大学	マレーシア	11月
18	情報工学科	ベトナム国家大学 ホーチミン市校工科大学	ベトナム	9月
19	電子工学科	モラテュワ大学	スリランカ	8月
20	電子工学科	サバラガムワ・ワヤンバ大学	スリランカ	8月
21	電子工学科	カリフォルニア州立大学イーストベイ校	アメリカ	8月
22	電子工学科	キングモンクット工科大学	タイ	9月
23	情報工学科	ハノイ理工科大学	ベトナム	9月
24	情報工学科	泰日工業大学	タイ	2018年3月
25	情報工学科	FPT大学	ベトナム	2018年2月
26	情報工学科	スラナリー工科大学	タイ	2018年3月
27	電子情報システム学科	漢陽大学校	韓国	10月
28	建築学科	モスクワ建築大学	ロシア	9月
29	建築学科	台湾実践大学	台湾	9月
30	建築学科	フランス木材技術研究所 FCBA	フランス	11月
31	建築学科	メケレ大学	エチオピア	12月
32	建築学科	ラオス国立大学	ラオス	2018年2月
33	建築学科	トゥンク・アブドゥル・ラーマン大学	マレーシア	2018年2月
34	建築学科	バンドン工科大学	インドネシア	8月
35	建設工学専攻	黄山学院	中国	10月
36	環境システム学科	フライブルク大学他	ドイツ	10月
37	環境システム学科	マレーシア国際イスラム大学	マレーシア	10月
38	土木工学科	キングモンクット工科大学	タイ	2010年3月
39	理工学研究科	Max Planck Institute for Polymer Research	ドイツ	2018年1月
40	デザイン工学科	サンホセレコレトス大学	フィリピン	7月
41	デザイン工学科	南洋理工学院	シンガポール	8月
42	デザイン工学科	プリンス・オブ・ソンクラー大学プーケットキャンパス	タイ	2018年2月
43	デザイン工学科	キングモンクット工科大学	タイ	2018年3月
44	デザイン工学科	グリフィス大学	オーストラリア	10月
45	システム理工学部複数学科	リスボン新大学理工学部	ポルトガル	7月
46	システム理工学部複数学科	キングモンクット工科大学トンブリ校	タイ	2018年2月
47	工学マネジメント研究科	Panyapiwat Institute of Management (PIM)	タイ	11月
48	教職科目	ラオス国立大学、JICAラオス事務所、ラオス日本センター等	ラオス	2018年2月
49	理工学研究科	台湾科技大学	台湾	2017年8月, 18年3月

図 5-3　2017 年度実施のグローバル PBL 一覧

大を続けています。

　第1節冒頭でも述べましたが、基本的にはグローバル環境で理工系のイノベーションを創出できるような人材の育成を目標にし、多国籍、多文化のチームで問題の発見・解決をおこなうというプログラムです。取り組む課題としては、企業から出される具体的な課題や持続可能な開発目標であるSDGsに関連した社会的な課題などで、これらを学生たちがチームで検討するという内容になっています。

　私たちは、このグローバルPBLについて研究をおこない「グローバル環境でイノベーションを創出するための人材育成プログラム」（工学教育誌）という論文にして発表しています[1,2]。ご紹介したグローバルPBLは、2017年度に工学教育賞（業績部門）、関東工学教育協会賞（業績賞）、関東工学教育協会賞（論文・論説賞）を受賞しています。論文をご参照されるとより詳しくご理解いただけると思います。

第4節　グローバルPBLで育成を重視する能力

　次に、グローバル人材に求められるコンピテンシーの発展の経緯を次図に従ってたどってみます。**図5-4**は、技術系グローバル人材に求められるコンピテンシーに関し、これまでの研究論文をレビューしまとめたものです[3]。

　初期の研究では、1-2階層目が重視されていました。まず知識、例えば海外のビジネスや工学に関する知識や相手国の歴史、政治・経済の知識が中心でした。これに加え、スキルです。外国語のスキル、エンジニアリングに関する問題発見・解決のスキルなどが重視されていました。現在では、次第に図の上の階層にある態度や意識が重視されています。コミュニケーション、チームワーク、他の文化を理解して尊重する、それから複数の文化が一体となった環境の中で問題解決ができる、というところに比重が移ってきています。

　そして、最後に自分の国の人間としてのアイデンティティ、それから世界市民としてのアイデンティティ、これを両方とも持つことも重要です。つまり、工科系の人材として、学生には将来の技術者としてどういうことが望ま

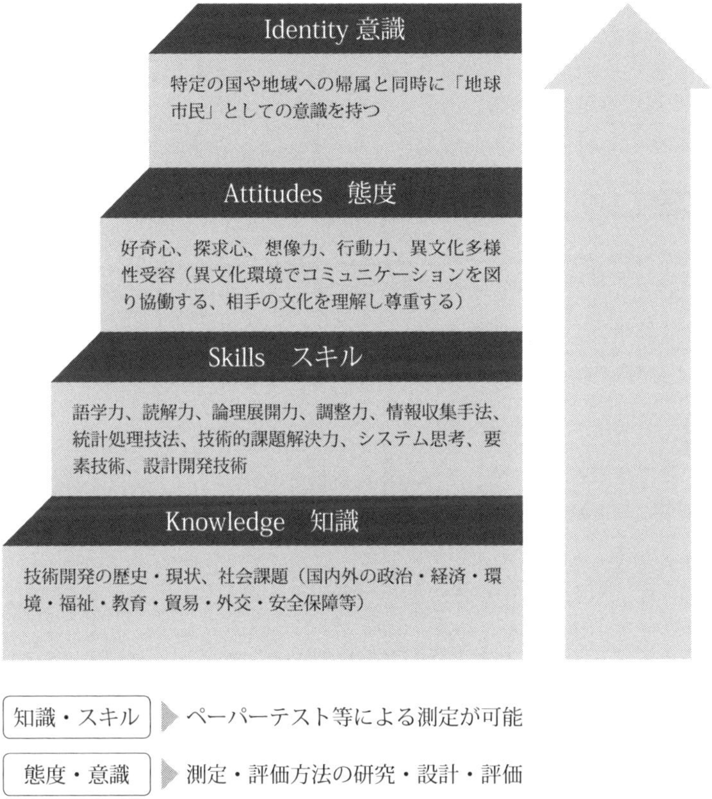

Identity 意識

特定の国や地域への帰属と同時に「地球市民」としての意識を持つ

Attitudes　態度

好奇心、探求心、想像力、行動力、異文化多様性受容（異文化環境でコミュニケーションを図り協働する、相手の文化を理解し尊重する）

Skills　スキル

語学力、読解力、論理展開力、調整力、情報収集手法、統計処理技法、技術的課題解決力、システム思考、要素技術、設計開発技術

Knowledge　知識

技術開発の歴史・現状、社会課題（国内外の政治・経済・環境・福祉・教育・貿易・外交・安全保障等）

知識・スキル ▶ ペーパーテスト等による測定が可能

態度・意識 ▶ 測定・評価方法の研究・設計・評価

「織田佐由子、山崎敦子、井上雅裕、技術系人材に求められるグローバル・コンピテンシーの変遷と日米比較、グローバル人材育成教育研究、第 6 巻第 1 号、pp.11-22,September2018.」より作成

図 5-4　グローバル・コンピテンシーの構成

れているかを調査した結果、こうした目標を定めて、これらの能力を開発するための教育プログラムを作っている訳です。

第 5 節　6 年間の教育プログラムの中にどう位置づけられているか

　図 5-5 はシステム理工学部での学部・修士を通じた 6 年間の教育プログラムの例 [4] です。

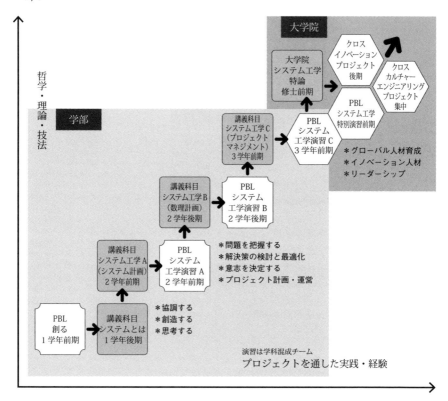

図 5-5　芝浦工業大学　システム理工学部の例

　プロジェクト学修と講義を組み合わせながら、学部から大学院まで人材育成を図るプログラムです。横軸はプロジェクトを通した実践、経験を積んでいくという軸です。縦軸は哲学、理論、技法で、知識的な内容が伸びていくという軸です。

　まず1年生の段階で、プロジェクトに取り組みます。これは日本人学生だけの日本の中で取り組むプロジェクトですが、専門知識が無い段階で様々な問題に取り組ませています。当然、失敗もあります。チームワークがうまくいかない場合もあります。それを踏まえた上で、2年生の前期では、エンジニアリングの基本的な知識、システム工学の手法を学び、どういうかたちでアイデアを出せばいいのか、どういうかたちでプロジェクトの計画を作れば

いいのか、どういうかたちでコミュニケーションを取ればいいのかを学ぶ訳です。2 年生前期には、そのために 5 学科の約 500 人の学生を学科横断の混成チームにして、できた数十チームを 5 学科の教員 15 人が担当するという分野横断プロジェクトに取り組みます。

　その次は 2 年生の後期に、定量的な問題解決法に関して講義で学び、さらにプロジェクトに取り組みます。そして 3 年生になると、プロジェクトマネジメントを学んで、また裁量の範囲が広いプロジェクトに取り組みます。このプロジェクトに関しては、学部の 3 年生と大学院生が一体になった共同科目です。こういう科目によって分野横断の問題解決のトレーニングをおこないます。

　大学院になると、さらに産業界と連携する PBL であるクロスイノベーションプロジェクトや大学院修士課程での分野横断のグローバル PBL であるクロスカルチャーエンジニアリングプロジェクト (2019 年度よりこの科目名に変更、2018 年度までの科目名は国際 PBL) というかたちの幅広いオープンエンドのプログラムが用意されており、グローバルな人材、イノベーション人材、かつリーダーシップの育成を図っています。

第 6 節　グローバル PBL の実際

　本学には 80 のグローバル PBL がありますが、今からご紹介するのは大学院修士課程の科目クロスカルチャーエンジニアリングプロジェクト[5]の事例です。

　グローバル PBL のプロセス (**図 5-6** 参照) に関しては、通常のエンジニアリングのプロセスと同じです。社会からの要請、それから市場からの要請、様々な環境からのニーズ等を踏まえて問題の発見をおこないます。企業から課題をいただく場合もありますし、地域の公共団体から課題をいただく場合もあります。こうした課題に関して学生たちは、分野横断、国籍も横断したチームを構成し、問題の定義をおこないます。

　分野横断のチームにより、最終的に与えられた課題に対して総合的な解決

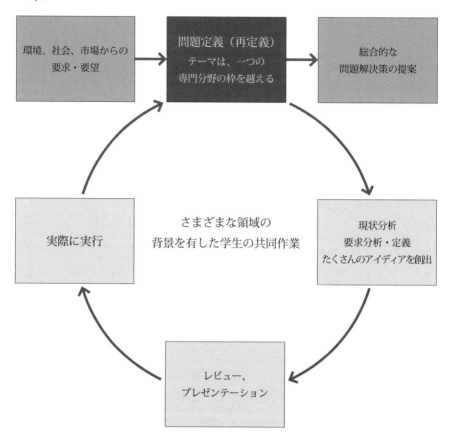

さまざまな領域の
背景を有した学生の共同作業

その解決策は、環境・社会生活を通じて様々な技術や科学の関連づけにより形成される

図5-6　グローバル PBL のプロセス

策を作り上げるというのが、この短期プログラムの目的です。要求分析をし
たり、フィールドワークをしたり、例えば東南アジアであればタイのバンコ
クやインドネシアのスラバヤなどに出かけて、現地で渋滞の問題や環境の問
題を調べながら解決策を考えるというようなこともおこないます。

　様々な工学的手法を使って分析し、調整して、途中に複数の国の教員が共
同して数回のデザインレビューもおこないます。

　そして、フィードバックした内容をもとに学生たちがさらにブラッシュアップし、最終的に提案をしていく訳です。私たち教員は学生に対して、イノベーティブな提案を出せ、何らかのかたちのプロトタイプを作れ、ということを義務づけています。学生は期間中の合宿の際は夜中まで必死で頑張ってプロトタイプを作り上げ、最終プレゼンテーションで見せてくれます。

　国籍、専門分野、場合によっては学年が違うプロジェクトであり、全て英語でのコミュニケーションになります。理工系なので、言葉だけではなくて、数式を使ったり、図面を使ったり、様々な手法を総動員してチームとしてコミュニケーションを取りながら解決策を作り上げていく訳です。6 人のチームですと、通常は日本人が半分の 3 人、残りの 3 人が様々な国籍というチームです。

　一例として、タイでおこなっている 8 日間のプログラムをご紹介します。

- Day0：タイ入国，入寮
- Day1：アイスブレイク、チーム編成、テーマ確定、学修成果の事前アセスメント（ルーブリック）、キャンパスツアー
- Day2：バンコク郊外で合宿、要求分析
- Day3 AM：目標設定、予算計画、活動計画
　　　　　　PM：工場見学後バンコクに戻る
- Day4：フィールドワーク、デザインレビュー準備
- Day5：デザインレビュー、目標再設定
- Day6：計画に基づいて活動
- Day7：計画に基づいて活動、国際文化交流イベント、最終発表会準備
- Day8：最終発表、学修成果の事後アセスメント（ルーブリック）、社会人基礎力テスト（PROG）、工学系グローバル・コミュニケーション Can-Do リスト、修了証書授与、表彰式
- Day9：文化交流活動、（深夜便で帰国）

　このプログラムは 2013 年 2 月に初回を実施し、7 年目です。そのキャッ

チフレーズは、「Be innovative, Think global, Make friends, Enjoy global PBL」です。

第7節　どのようにアセスメントしているか

グローバル PBL のアセスメントは、以下のようにおこなっています[6・7]。

1. 学修成果アセスメント (Learning Outcomes Assessment) 自己評価はプログラム開始前および終了時、チームメンバーによる相互評価はプログラム終了時に実施。
2. チームの成果に対する相互評価、中間報告会および最終報告会で実施 (Group Evaluation on Design Review and Final Presentation)。
3. 社会人基礎力評価テスト＝ PROG (Progress Report On Generic skills)：プログラム終了時に実施。
4. 工学系コミュニケーション (Can-Do リスト CEFR ベース) 外国語によるコミュニケーション能力自己評価：プログラム終了時に実施(CEFR=Common European Framework of Reference for Languages)。

　1番目の学修成果のアセスメントは、プログラムの開始前が自己評価、終了時には自己評価とチームの中の相互評価です。これは PBL の学修教育目標に沿ったかたちで設定しています。協働力、計画立案力、課題発見力、実践力、リーダーシップの 5 つの項目を PBL の学修教育目標にしていますので、これの事前・事後評価をおこなっています。5 つの項目について、自己評価に関しては全て伸長しています。ただ、初対面の多様な国の学生が混成でおこなうため最初の段階では相互評価ができません。このため最終的な段階のみ相互評価をおこなっています。結果に特徴的な内容があります。それは、外国人の学生は自己評価と相互評価がだいたい一致していますが、日本人学生はとても控えめだということです。非常に高い相互評価を受けているにも関わらず自己評価が低いというケースが毎回見受けられます。そのような日本人学生に対しては、自信を持ちなさいということを常に言わなければ

ならないと思っています。

2番目は、チームの成果に対する総合評価です。チームとしての成果物が対象となり、これも相互評価と教員評価をおこないます。

3番目のPROGテストですが、グローバルPBLに参加するのは日本人学生だけではないので、英語、タイ語など多様な言語で最後におこなっています。これについては後で詳述します。

4番目が工学系のコミュニケーションで、Can-Doリストを用いています。これはルーブリックを使った英語のコミュニケーション能力に対する自己評価です。工学系のコミュニケーションに関するCan-Doリストを新たに開発して使っています。このリストの標記も日本語の他に、英語、タイ語、マレーシア語、ベトナム語など多様な言語で用意しています。

5番目に、グローバルPBLを通じて得られたものは何かというアンケートをおこなっています。日本人学生が自分で伸びたと感じているのは英語力やコミュニケーションスキルです。それに対して外国人学生の場合は、「多国籍・多分野でのチームワークスキル、システム思考、工学的手法が向上した」という感想が多いのが特徴です。

このようなアセスメントの結果をレーダーチャートにしたのが次の**図5-7**です。

日本人の学生も外国人の学生も、両方とも伸びていますが、日本人は自己評価と相互評価の値の差があり、外国人学生はあまりない、というのが特徴です。

第8節　PROGテストから見えてくること

では、PROGテストの活用について説明します。

芝浦工業大学の全学生に対し、1年入学時にPROGの受験を義務づけています。それから3年生の時にも全員受験です。大学院では一部の専攻が1年次に実施しています。それ以外はオプションでグローバルPBLの終了時などにおこなっています。

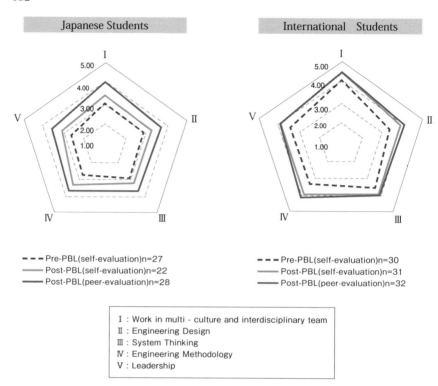

Learning Outcomes 自己評価・相互評価の平均点

図5-7 自己評価・相互評価の比較 日本人学生と外国人学生

　全学生に対しては入学時と、進学や就職のために自分の強みや弱みを知らなければならない3年生の時期におこない、結果を学生にフィードバックしています。

　PROGテストのコンピテンシーの結果がどのように変わっているのかが**図5-8**です。

　△が日本全体の大学生の平均値です。○が本学システム理工学部の1年生の入学時です。◇の修士1年生になると、対人基礎力、対自己基礎力、対課題基礎力の値が上がってきています。そして修士1年生の最後のところでグローバルPBLを経験した学生は、□のようにまたさらに上がっています。修士でも全員がグローバルPBLに行っている訳ではないので母集団が違い

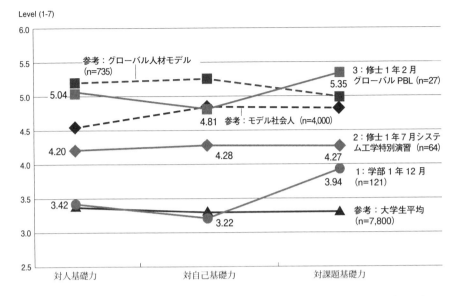

Level (1-7)

図 5-8　PROG　社会人基礎力 コンピテンシーの伸長「自分を取り巻く環境に　実践的に対処する力」

ますが、学年が進むごとに徐々に上がってきており、さらにグローバル PBL に参加するとさらに上昇しているということで、一般的な社会人のグローバル人材とあまり変わらないレベルまで、グローバル PBL を受講した学生は上がっているのが結果として見えています。

　もちろんこれはグローバル PBL だけではなく、多様なプロジェクトを経験した結果であって、グローバル PBL だけの効果ではありません。PBL を豊富に含む 6 年間のトータルなカリキュラムの効果だと見ていただければと思います。

第 9 節　グローバル PBL の学修成果に何が影響を与えているか

　次にグローバル PBL の学修成果に何が影響を与えているのかということを調べました。その結果が以下です[8]。

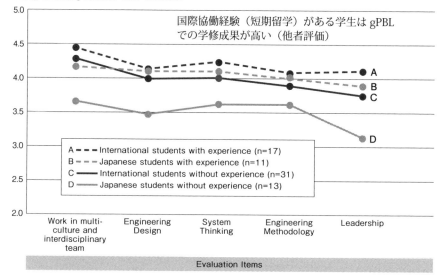

Sayoko Oda, Atsuko K. Yamazaki, Masahiro Inoue, Assessment of Global Competency in Engineering Students in Multicultural and Multidisciplinary Project Based Learning Course, The 7th World Engineering Education Forum (WEEF), Kuala Lumpur, November 14 -16, 2017.

図 5-9 国際協働経験の学修成果への影響

この図を要約すると次のことが言えます。

- 国際協働経験（短期留学）がある学生はグローバル PBL での学修成果が高い（他者からの評価）。
- 観光旅行のような異文化多様性との接触が浅い経験からは適応度に大きな変化は現れず、国際プログラムへの参加でより深い接触が生まれ、意識に変化が生まれる。
- 工学系グローバル・コミュニケーション Can-Do リスト評価とグローバル PBL での 学修成果とは正の相関がある。
- TOEIC（L& R）とグローバル PBL での学修成果は弱い相関。語学力 L& R の高さが異文化多様性適応にそのままつながるとは言えない。

1 つ目に関して言えば、グローバル PBL の前に、工学英語の留学など何ら

かのかたちの短期プログラムを受けているか、受けていないかがどう影響しているのか、国際協働経験があるかないかでどう違うのかを見た訳です。すると国際協働経験がある学生はグローバル PBL の学修成果が高いことが明らかに見えました。つまり、このような国際プログラムの中で、多様な国籍の学生たちがディスカッションして、何かを作らなければという時に、物おじせずにやれる力は、それ以前の短期留学で培われていることが見えました。また、短期留学の場合でも、観光旅行のような何か物を見学するだけというものに関しては、ほとんど効果がないことがわかりました。密接なコミュニケーションがある短期留学は効果があるけれども、旅行見学というのは効果がないと、はっきりその差が見えてきました。

それから**図 5-10** は工学系のグローバル・コミュニケーションの Can-Do リスト[9・10]です。

これは自分が何ができるかという自己評価なのですが、それと学修成果とは正の相関があります。一方で、TOEIC のリスニングとリーディングに関する内容と学修成果に関しては、弱い相関があるのですが、とてもばらついていて、それほど関係がないということもわかりました。

こうしたアセスメントをおこないながら、理工系の人材に関するグローバル・コンピテンシーとはいったい何なのか、どうやって開発すればいいのかの検討を進めてきています。

第 10 節　グローバル・コンピテンシーの開発と評価

グローバル・コンピテンシーの開発と評価に関しての体系[11]をご紹介します。知識(Knowledge)、技術(Skills)、姿勢(Attitudes)、意識(Identity)の開発を理工系の人材育成として進めていくためにはどうするか。まず知識をつける、そして技術を身につける。その基礎の上にグローバル PBL によって姿勢と意識を涵養する。グローバル PBL での実践を振り返り、知識や技術の不足に気づき、さらに知識や技術を身につけて、グローバル PBL での実践をおこなう。技術と知識の修得、国際プログラムでの実践、振り返りのサイクル

186

− Basic Structure of the CEFR-Based Can do list for engineering context −

C2 · Can understand with ease virtually everything heard or read.

C1 · Can understand a wide range of demanding, longer texts, and recognize implicit meaning.

B2 · Can understand the main ideas of complex text on both concrete and abstract topics

B1 · Can understand the main points of clear standard input on familiar matters.

A2 · Can understand sentences and frequently used expressions related to areas of most immediate relevance.

A1 · Can understand and use familiar everyday expressions and very basic phrases.

Proficient User

Independent User

Basic User

● Language Exchange (Interaction)

● Language Input (Reception)

● Language Output (Production)

● Overall Performance (Competency)

「山崎 敦子、椋平 淳、織田 佐由子、井上 雅裕、長谷川 浩志、間野 一則、Can-Do リストを用いた工学系グローバル・コミュニケーションのアセスメントと調査、工学教育 (J. of JSEE)、Vol.67, No.1,pp.34-41,Jan.2019」より作成

図 5-10 Technical Communication Can-Do-List extended from CEFR

新たな価値を持った製品やサービス創り出し社会課題を解決できる人材

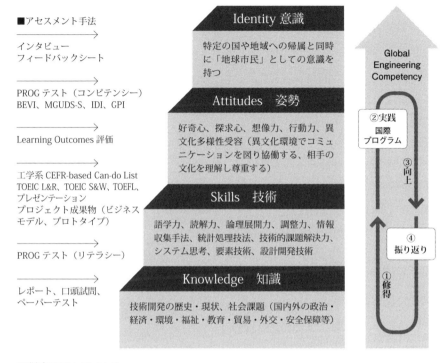

■アセスメント手法

インタビュー
フィードバックシート

PROG テスト（コンピテンシー）
BEVI、MGUDS-S、IDI、GPI

Learning Outcomes 評価

工学系 CEFR-based Can-do List
TOEIC L&R、TOEIC S&W、TOEFL、
プレゼンテーション
プロジェクト成果物（ビジネス
モデル、プロトタイプ）

PROG テスト（リテラシー）

レポート、口頭試問、
ペーパーテスト

Identity 意識
特定の国や地域への帰属と同時に「地球市民」としての意識を持つ

Attitudes　姿勢
好奇心、探求心、想像力、行動力、異文化多様性受容（異文化環境でコミュニケーションを図り協働する、相手の文化を理解し尊重する）

Skills　技術
語学力、読解力、論理展開力、調整力、情報収集手法、統計処理技法、技術的課題解決力、システム思考、要素技術、設計開発技術

Knowledge　知識
技術開発の歴史・現状、社会課題（国内外の政治・経済・環境・福祉・教育・貿易・外交・安全保障等）

Global Engineering Competency

②実践
国際
プログラム

③向上

④振り返り

①修得

■従来のアセスメント

（1）知識と技術の修得
（2）姿勢と意識の向上（参加者毎に個別に評価）

■求められる評価視点

（3）これまでに修得した知識と技術が実践で発揮されたか
（4）課題解決における技術者としての役割を認識できたか
（5）新たな技術や知識の修得を促したか

（1）〜（5）に有効な要因を明らかにする
↓
修得・実践・向上・振り返りの循環のなかでプログラムを評価し、改善につなげる

「織田佐由子、理工系人材のグローバル・コンピテンシーの開発と評価、芝浦工業大学博士学位論文、2019」より作成

図 5-11　理工系人材のグローバル・コンピテンシー開発と評価

を何回も何回もおこなうことが必要だという理解に至っています。

　それからアセスメントに関してですが、知識（Knowledge）に関しては従来の方法ですが、技術（Skills）のところのリテラシーに関しては PROG テストが有効と認識して使っています。

　工学系のコミュニケーションのアセスメントについては、Can-Do リストや成果物をスキルの表現されたものとして使っています。

　加えてプログラムの学修教育目標に沿った Learning Outcomes のアセスメントをおこなっています。

　また姿勢のアセスメントに関しては、PROG テストのコンピテンシーを使っています。理工系の人材の多文化に関する能力、コンピテンシーのアセスメント関しては、コロンビア大学が開発した MGUDS-S[12] を日本語化して、日本人の学生と海外で働く日本人のビジネスパーソン、主にテクニカルな仕事で働くパーソンに関して必要性の評価をおこない、具体的に何が必要なのかを比較しつつ取り組んでいます[13]。

第 11 節　教職学協働の重要性

　このようなプログラムの実施は、教員だけでは困難です。多くの様々なロジスティクスを含めた仕事が不随するので、教員と職員、それから TA も含めた教職学協働で進めています。教育プログラムとしてのグローバル PBL の設計については、科目としての学修教育目標を基本的にディプロマポリシーに則ったかたちで作っています。それに則ったカリキュラム設計、学修成果の評価法、評価のためのツールの開発と手配をおこなっています。国内外の参加校の学生と教員に対しても同様なかたちでの学修成果のフィードバックが必要であり、多言語で学修成果を評価する仕組みも作っています。

　また、参加者・関係者に関しては費用が発生するので、補助金、寄付金、奨学金の申請やそれに伴う報告など様々な活動も必要ですし、参加者の多様性を増やすための活動も必要になってきます。

　自治体、産業界との連携、支援業務、安全管理、財務会計報告など、様々

な業務があるので、教職学の協働で、できるだけ組織化しプロジェクト化して、テンプレートを作り、全ての教職員が関与できる仕組みづくりがとても重要で、それを今進めています。

　最後にまとめると、本学では世界に学び、世界に貢献する理工学人材の育成のために、全学生の海外留学を目標にして取り組みを進めています。工学英語留学、研究留学、セメスター交換留学、国際 PBL 等の多様な留学の機会を設け、その中でも、グローバル PBL は 80 の協定校と連携してプログラムを実施しています。

　このグローバル PBL は単独で存在している留学プログラムではなく、1 年生と 2 年生では語学留学、工学英語留学をおこなって、3 年生以上がグローバル PBL に取り組み、3 年生以上ではセメスター交換留学したり、研究留学する学生も出てきています。

　また修士や博士の学位取得の留学生の受け入れについても、協定校でのグローバル PBL を日本人学生と一緒に受けた協定校の学生を受け入れるというケースが増えています。私の研究室の、博士留学生 1 人と、修士留学生 2 人は、それぞれ 3 年前、4 年前、5 年前にグローバル PBL に参加した外国人学生です。

　グローバル PBL は、東南アジアからの長期留学の受け入れにも繋がっています。

注

1　井上雅裕, 長谷川浩志, 間野一則, 古川修, 山崎敦子, Anak Khantachawana (2016)「グローバル環境でイノベーションを創出するための人材育成プログラムの開発」『工学教育 (J. of JSEE)』Vol.64, No.5, pp.101-108.
2　織田佐由子, 長谷川浩志, 山崎敦子, 井上雅裕, 古川修, 間野一則 (2017)「多国籍、多分野学生の PBL におけるグローバルチームワーク能力の評価分析」『工学教育 (J. of JSEE)』Vol.65, No.1, pp.26-30.
3　織田佐由子, 山崎敦子, 井上雅裕 (2018)「技術系人材に求められるグローバル・コンピテンシーの変遷と日米比較」『グローバル人材育成教育研究』第 6 巻第 1 号, pp.11-22.
4　注 2 を参照。
5　注 2 を参照。

190

6 注2を参照。

7 注3を参照。

8 織田佐由子，長谷川浩志，山崎敦子，井上雅裕，古川修，間野一則 (2016)「多国籍・多分野・産学地域連携 PBL の開発と学修成果」『工学教育 (J. of JSEE)』Vol.64, No.5, pp.85-91.

9 山崎敦子，松村直樹，長谷川浩志，井上雅裕，村上嘉代子 (2016)「CEFR に準拠した工学におけるグローバル・コミュニケーション Can-Do List の開発」『工学教育 (J. of JSEE)』Vol.64, No.5, pp.128-135.

10 山崎敦子，椋平淳，織田佐由子，井上雅裕，長谷川浩志，間野一則 (2019)「Can-Do リストを用いた工学系グローバル・コミュニケーションのアセスメントと調査」『工学教育 (J.of JSEE)』Vol.67, No.1, pp.34-41.

11 織田佐由子 (2019)「理工系人材のグローバル・コンピテンシーの開発と評価」『芝浦工業大学博士学位論文』https://shibaura.repo.nii.ac.jp/?action=pages_view_main&active_action=repository_view_main_item_detail&item_id=132&item_no=1&page_id=13&block_id=21

12 J. Fuertes, M.L. Miville, J. Mohr, W. Sedlacek, D. Gretchen (2000) "Factor structure and short form of the Miville-Guzman Universality-Diversity Scale," Measurement & Evaluation in Counseling and Development, vol. 33, no. 3, pp.157-170.

13 注11 を参照。

第6章　特徴ある事例紹介
共愛学園前橋国際大学
——ミッショングローバル研修——

村山賢哉（共愛学園前橋国際大学教授）

第1節　共愛学園前橋国際大学の考える「国際」とは

　本学の代表的な研修の一つであるミッショングローバル研修に限らず、本学がおこなっている留学プログラムは、全て本学の理念や本学の成り立ちに大きく関わっています。

　本学は群馬県にある小さな私立大学なので、ご存知ない方もたくさんいらっしゃると思います。簡単に概要を紹介すると、本学は1999年に開学した時から国際社会学部国際社会学科という1学部1学科体制です。国際社会学士という学士号を日本で最初に出した大学でもあります。

　ところが、大学や学部名に国際をつけて開学したのですが、すぐに定員を割ってしまいました。その時に、「国際社会学部というのは何をする学部なのかよくわからない」という指摘を地域の方々からたくさんいただき、それを踏まえて以降はコースを専門に分類し「英語コース」「国際コース」「情報・経営コース」「心理・人間文化コース」「児童教育コース」の5コース制を採っています。

　英語コースは英語のプロフェッショナル、例えば翻訳家やフライトアテンダント等のような英語を使って仕事をする人材を育てていきます。

　国際コースは、現在はアジアが中心ですが、国際関係や国際協力といったテーマに取り組む人材を育成します。

　情報・経営コースは、ビジネス人材の育成を目指しており、商業系高校の受け皿にもなっています。群馬県は商業高校が非常に元気で、私自身もこの

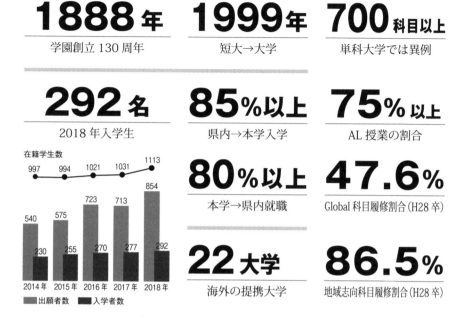

1888年
学園創立130周年

1999年
短大→大学

700科目以上
単科大学では異例

292名
2018年入学生

85%以上
県内→本学入学

75%以上
AL授業の割合

在籍学生数

	2014年	2015年	2016年	2017年	2018年
在籍学生数	997	994	1021	1031	1113
出願者数	540	575	723	713	854
入学者数	230	255	270	277	292

80%以上
本学→県内就職

47.6%
Global科目履修割合（H28卒）

22大学
海外の提携大学

86.5%
地域志向科目履修割合（H28卒）

図6-1　Data of Kyoai Gakuen University

コースに所属しています。

　その他に、人類の文化歴史等を学ぶ心理・人間文化コースと、小学校教員養成課程を持つ児童教育コースがあります。

　この**図6-1**には本学の特徴的なデータが示されています。本学の85％以上が県内の高校から入学してきて、直近では約80％の卒業生が県内の企業に就職していきます。他県から入学し、卒業後に群馬県内に就職する学生もかなりいるのですが、本学の基本的な役割は地域から学生を預かって4年間教育し、そして地域に返していくところにあると考えています。

　そして、本学には設置当時からずっと変わらないコンセプトがあります。それが「グローカル」です。これはグローバルとローカルを合わせた造語ですが、本学の理念では「国際社会に対する見識を持ち、地域社会の諸課題に対応していく人材」ということになります。

　群馬県でなぜ「国際」なのかと思われるかもしれませんが、実は群馬県は非常に国際化が進んでいます。例えば群馬県には大泉町という人口の2割近くがブラジル国籍やペルー国籍の住民という町があります。ブラジル料理屋が並び、ブラジルの生活雑貨を売っているお店があり、さながらブラジリアンタウンとでも呼ぶべきところが存在しています。そうした町の小学校は、クラスの約3分の1が外国籍の子供たちということさえあり、保護者の多くは日本語がわからないこともあります。学級通信も日本語と英語とポルトガル語で発行しなければならないという状況です。

　また群馬県は非常に自動車関連の工場が多く、全国で自動車関連製造業2位の規模を誇っています。そうすると、実は群馬県からたくさんの部品が世界中の自動車メーカーに輸出されている、あるいは世界中のいろいろな素材を買ってきている訳です。そこでは当然国際的な交渉が日々おこなわれていることになります。

　加えて、世界遺産の富岡製糸場があり、草津温泉があり、伊香保温泉があり、というように豊富な観光資源を持っている県ですから、いわゆるインバウンドへの対応についてもかなりのウェイトが置かれています。政策レベルでもそうですが、教育でもそれが求められています。

　外国にルーツを持つ住民の方が多く、多文化共生が群馬県を挙げての一つのテーマになっている中で、地域から学生を預かって地域に返していくためには、相当にグローバルなマインドを育成し、それをつないで地域を変えていくマインドを持った人材に育成していかなければ、群馬県で活躍していくのは困難です。

　であるがゆえに、このような群馬県という地域に育ち、本学を経て群馬県内に就職していく学生にとって必要な「国際性」を身につけさせることをゴールにして、開学当初から留学プログラムもカリキュラムも組み立ててきています。

　また、本学は文部科学省の4大事業であるグローバル人材育成推進事業（GGJ）、地（知）の拠点整備事業（COC）、地（知）の拠点大学による地方創生推進事業（COC＋）、大学教育再生加速プログラム（AP）に採択され、改革に拍

車をかけることができるようになり、様々な留学プログラムを拡充している
ところです。

第2節　共愛学園前橋国際大学の海外留学・海外プログラムの全体像

　ミッショングローバル研修を詳しく紹介する前に、本学の海外プログラム
の概要を説明します。

　図6-2の内、破線で囲まれたものが、グローバル・ランゲージ・インテン
シブといって、語学系に特化したプログラムです。点線がグローバル・プロ
ジェクト・ワークです。海外で何らかのPBL（プロジェクト・ベースド・ラーニ
ング）に取り組む科目群です。

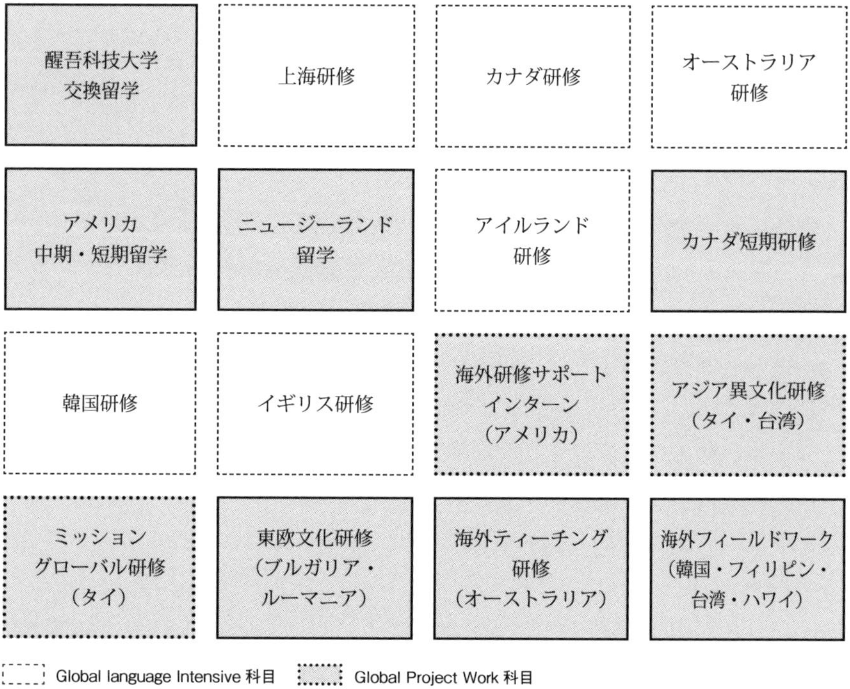

醍吾科技大学 交換留学	上海研修	カナダ研修	オーストラリア 研修
アメリカ 中期・短期留学	ニュージーランド 留学	アイルランド 研修	カナダ短期研修
韓国研修	イギリス研修	海外研修サポート インターン （アメリカ）	アジア異文化研修 （タイ・台湾）
ミッション グローバル研修 （タイ）	東欧文化研修 （ブルガリア・ ルーマニア）	海外ティーチング 研修 （オーストラリア）	海外フィールドワーク （韓国・フィリピン・ 台湾・ハワイ）

┈┈┈ Global language Intensive 科目　┄┄┄ Global Project Work 科目

図6-2　本学の海外プログラム

　このように多様な海外プログラムを実現するために、積極的に海外の大学との連携にも尽力しています。良く言えば、たくさんの大学と連携をしてコラボレーションでプログラムを良くしていっている訳ですが、本学の規模は1学年255人定員で全学1,000人強と非常に小さく教職員の数も少ないため、様々な大学や南オーストラリアの教育長の方などと手を組んでプログラムの支援をいただいています。もちろん教職員が同行する研修もありますが、教職員が同行せず現地の大学や団体にお願いしてプログラムを回しているところもあります。後ほど詳しくご紹介するミッショングローバル研修では、群馬県内の海外に拠点を持つグローバル企業の力を借りて、海外で研修をおこなっています。また、地元の中学校や小学校と連携し、中学生が海外研修に行くのをサポートするという研修もあります。先生とも違う、現地にいる外国のお兄さんお姉さん方とも違う、地元の先輩が中学生をサポートするという研修です。

　このような努力によって、現在では半数近くの学生が在学中の4年間に1度は留学か海外プログラムを経験して卒業している状況です。そして、ほとんどが正課のプログラムで単位を出しています。

　これらのプログラムが、カリキュラムの中にどのように位置づけられるかですが、この図でもあえて2年生までで止めています。

　それはなぜか。

　ご承知のとおり、2019年現在では大学3年生の3月1日から就職活動が本格的に開始します。このため、3年生から4年生に上がる前に、どんな会社を受けるか、どんな働き方をするかを学生は決めなければなりません。そのような現在の仕組みがある中で、本学では学生たちが3年生で専門ゼミに入り、そこから自分のやりたいことを探求して、4年生でしっかりと研究にしていくことが問われます。

　このため、2年生までに様々な海外経験をして、群馬のどんな企業で、どんな働き方をしていくのかということを学生がイメージできるように導いていきたい。そのために、本学の海外プログラムは多くが、1～2年までに実施されるよう位置づけられています。そして次図のように、研修自体のレベ

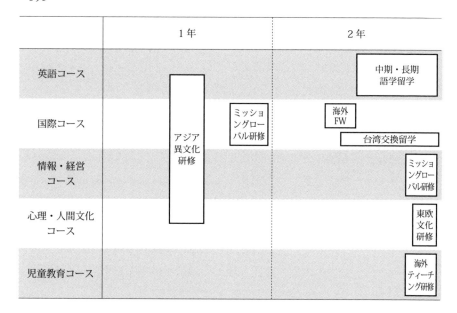

図6-3　主な海外プログラムと参加する学年・コース

ル感や必要な能力の問題などから、推奨学年を設けています。**図6-3**の左に
ある「コース」は、それぞれのカリキュラムを所管しているコースのことです。
したがって引率が必要な場合は、それぞれのコースから担当教員が同行しま
すし、コース横断的な科目やプログラムの場合は、グローバル事務局に所属
する引率の専門員が同行します。

　これから紹介するミッショングローバル研修は、英語を手段として、短期
間で、現地で、課題解決型の学習をしてくるタイプの研修です。1年生と2
年生のところにそれぞれ書かれているのは、1年生で参加する学生と2年生
で参加する学生に分かれているためです。

　国際コースは、もともと国際的なことを学びたいと思っている学生が多い
ので、1年生の春、つまり2年生に上がる直前にこの研修に行くことが多い
ですし、情報・経営コースでマネジメントなどを学んでいる学生の場合は、
ある程度、マネジメントの専門科目を受講してから2年生で実際に行ってみ
るというパターンが多いようです。

　またフィールドワーク的に異文化を体験する、あるいは何かしらの調査を
おこなってくるような研修は、1 年生の夏休みにおこなったり、ある程度学
んでから 2 年生の最後の 3 年生に上がる直前におこなったりというようなこ
ともあります。

　小学校教員を養成するコースでは、海外で教育実習をおこなうティーチン
グ研修を実施しており、これが 1 カ月半から 2 カ月近くあります。小学校の
教員になって、3 分の 1 が日本人ではないクラスを持ったときに、どうやっ
て児童とコミュニケーションしていくのかというところも踏まえつつ、小学
校英語必修化という流れの中で英語に対応するような教員を育てるために、
海外での教育実習研修を実施しているところです。

　本学の海外留学・海外プログラムは、英語コースの語学留学以外は必修で
はありません。英語コース以外の 1 学年 180 〜 190 名の学生は必ずしも海外
留学をしなくても卒業することはできます。本学としては、学生の様々なニー
ズに合わせて研修を用意しているつもりですが、なかなか研修に参加しない、
あるいは二の足を踏んでしまう学生も少なくありません。

　大学としても多くの学生に留学経験を積んで、国際化する群馬の中で活躍
してもらいたいので、様々な仕掛けを用意しています。その一つとして、セ
ミナー系の海外プログラムに関しては、参加への動機づけの大部分をすでに
参加した先輩学生にお願いしています。「楽しかったよ」という先輩がいれば、
その先輩に憧れて後輩の学生が参加してくれます。「こんな風な勉強になっ
たよ」「こんな風に成長したよ」という先輩の生の声が、「私もそういう風に
成長したい」という後輩学生の参加モチベーションにつながっています。

　動機づけのもう一つは「グローバル・ビジネス・セミナー」で、実際に
海外で活躍されている方を招いて講演をしてもらいます。このような企画は
多くの大学でもあると思いますが、本学の独特なところは、海外で活躍して
いる、つまり英語を使って仕事をしている日本人の方であっても、必ずしも
流暢な英語を駆使して仕事をされている訳ではない、ということを学生に教
えるという狙いもあります。

　一例を挙げると、本学と一緒にミッショングローバル研修に取り組んでい

る企業は、地元群馬の伊勢崎市にあるサンデンというグローバル企業です。自動販売機や車のエアコンのコンプレッサーなどを作っているメーカーですが、そこの海外支社長の方に来ていただいて、英語で講演をしてもらっていました。純粋な発音という意味では決して流暢でなくても海外での仕事というのは十分にやっていけるし、英語力を高めることだけが海外留学ではないということを実際に現地で働いている方から教えてもらう。それによって、気持ちを留学に向かわせようという施策です。

語学系海外プログラム：語学留学・交換留学

・1 年生：必修英語＋実践的語学力育成の基礎固め（レベル別 13 クラス）
・2 年生：事前指導（前期）＋上級科目
　　　　　　　　（Global Language Intensive 科目受講条件：TOEIC500 点以上）
・3 年生〜：事後指導＋専門ゼミでの学習の深化

異文化理解系プログラム：アジア異文化・東欧文化など

・海外初心者向けの異文化理解プログラム
・国際的な視野を持つための専門的学びへの入り口としての研修
　：文化体験・提携大学の学生との協働ワークなど

実践系プログラム：海外ティーチング研修

・小学校教員養成課程の学生対象の「海外での教育実習」
・事前指導：教職課程の科目＋現役小学校英語教師によるワークショップ
・事後指導：地域での英語ワークショップや外国人小学生への教育実践

実践系プログラム：海外フィールドワーク

・海外での調査・研究を通じた国際理解プログラム
・前期：事前指導―調査方法や現地文化の学び
・夏季：現地訪問・調査
・後期：事後指導―調査報告書のとりまとめによる学びの内容の体系化

図 6-4　海外プログラムと事前・事後指導

　群馬のような地方の大学にいると「うまく英語が話せないと海外に行ってはいけないんだ」というマインドを持ちがちです。これは、他の地方の大学の先生方とお話をしても、比較的共通の認識だと感じています。

　また、必要なことがあれば授業時間外に事前指導、事後指導をおこない、それぞれの研修に合わせたかたちでカスタマイズした講義を専任教員あるいは職員も含めて実施しています。

　加えて、外国に行って自分の成長を感じて戻ってきたら、何かチャレンジしたい、あるいはそれを試してみたい、と思うようになるのも当然なので、そうした気持ちに応えるコンテストなどの仕掛けも用意をしているところです。

第3節　ミッショングローバル研修の実際

　では、ミッショングローバル研修について詳しく紹介します。まず事前学習として、約2週間に1回、6カ月間にわたる研修をおこないます。この研修も単位は出るのですが、通年の授業や半期の授業という形態ではなく、通常の授業時間外にミッショングローバル研修に参加する学生を集めて、職員から様々な指導をおこなったり、あるいは担当教員の私から現地で必要となるであろうスキルを紹介していきます。

　そして派遣先のタイに渡った後、最初の1週間はタイに慣れさせます。現地の大学生や教職員と交流したり、あるいは訪問先の大学の中で語学研修を受講します。さらに実際に市場で販売実践をやって、「なかなか大変だ」という感覚と現地で活動する感覚を養ってもらいます。

　このミッショングローバル研修は、学生を街に放り出して、時間に追われる中でPBLに取り組ませるという内容になっているため、タイという異国の地を一人で自由に動ける素養がなければ、なかなかミッションをこなしていくことができません。その素養を身につけるために、現地に着いてからも、ある意味で事前学習をおこなっていくという訳です。

　そして1週間が過ぎた後は、実際の研修の本番が始まります。この冒頭

事前学習（約2週間に1回・6か月間）
・海外研修の心得、留意事項指導（GL事務局専門員・外部講師） ・研修中に求められるスキルの指導（教員）：例 定量的データに基づく提案の方法

現地での異文化交流体験・語学研修（1週間）
・現地大学にて現地の大学生・教職員と交流／市場での販売実践 ・最終日：サンデン（タイランド）よりファイナルミッション発令

ミッション研修（1週間・4ミッション）
・ファイナルミッションを意識しながら、毎日新たに与えられるミッションをこなし、プレゼン ・方向性検討、現地の人への調査、プレゼン作成を5〜6時間でこなす ・ミッション例 現地日本食店のプロモーション戦略、 　　　　　　　　日本企業の海外進出のマーケティング調査

ファイナルミッション発表（最終日）
・サンデン（タイランド）にてファイナルミッション発表

事後学習
・現地でのミッションの達成／非達成を基に、アイデアをさらに練り直す ・サンデンホールディングス本社にて最終報告会

図6-5　Pick Up 事例：ミッショングローバル研修

で研修の仕上げとして最後に発表するファイナルミッションが、サンデン（タイランド）から与えられます。そしてそれを意識しつつ、日々出されてくるサブミッションに取り組んでいきます。スケジュールとしては毎朝9時にその日に解決しなければならないサブミッションが課されて、街に出てインタビューをして分析し、パワーポイントにまとめて午後4時に発表です。

　それを月火水木と繰り返し、4日間、毎日違うサブミッションを解決しな

がら、金曜日にファイナルミッションについてサンデン（タイランド）で発表します。

　毎日の発表後は一つひとつのミッションについて、「あなたはそれを達成しました」「あなたはそれを達成できていません」というジャッジが企業から下されます。これも一つのアセスメントになっていて、学生にとっては与えられた課題を自分が達成できたのかどうかという結果が、その場で厳しい指摘とともに与えられます。

　ただし、ビジネス的な観点だけだとどうしても教育的側面が欠けてしまう場合があるため、教員が、現在は私ですが、引率で同行しています。そして、なぜ駄目だったのか、教育的に考えると、あるいは学問的に考えると、「ここは良かった。でもここが足りなかったね」といったサポートを毎日やっていきます。

　さらに日本に帰ってきた後に最後にもう一度、伊勢崎市のサンデン本社で最終発表するので、アイデアを練り直す期間が 1 〜 2 カ月あります。現地で経験したことを学生は咀嚼しながら自分のものにし、最後の課題発表に向かっていくというプログラムになっています。

　では実際にどんなミッションが出るかというと、次の**図 6-6** は 2017 年度の内容です。

　1 週間をかけて取り組むファイナルミッションとしては、「タイ人の飲み物に対する意識調査をした上で、タイで新たな飲料ビジネスを提案せよ」というテーマが与えられます。このミッションは日曜の夜に与えられるのですが、その翌日の月曜日の朝には今度は「タイ人にタイ語で自己紹介・大学紹介せよ」というサブミッションが与えられます。そして「方法は任せるので 4 時までに戻ってきなさい」となります。学生によっては、その辺りを歩いている人に声をかけて自己紹介をするのですが、大抵はけんもほろろに断られます。Google 翻訳を頼りにしてみたり、現地のタイ語学校に電話をしてみたり、と様々な方法を学生は考えます。このようにミッショングローバル研修は、思考力、判断力、表現力を伸ばしつつ、必要なところで知識を生かしていく組み立てになっています。

| Final Mission | 〈サンデン（タイランド）〉 | Day0 〜 Day5 |

　—タイ人の飲み物に対する意識調査をした上で、
　タイでの新たな飲料ビジネスを提案せよ

| 1st Sub Mission | 〈現地ファシリテータ〉 | Day1 |

　—タイ人にタイ語で自己紹介・大学紹介せよ

| 2nd Sub Mission | 〈Spice-Up〉 | Day2 |

　—タイ人の働き方に対する意識を調査・報告せよ

| 3rd Sub Mission | 〈バックパッカーズホテル〉 | Day3 |

　—ゲストハウスに泊まる客の顧客満足度を高める新たなサービスを提案せよ

| 4th Sub Mission | 〈ビアード・パパ〉 | Day4 |

　—タイで売れる新たな商品を提案せよ

図6-6　Mission in Mission：GLOBAL

　2日目は、「タイ人の働き方に対する意識を調査・報告せよ」ということで、大学に行ってとりあえず学生1人あたり50人の話を聞いてきなさいというようなサブミッションが出されたり、3日目はバックパッカーなどを対象とした「ゲストハウスに泊る客の顧客満足度を高める新たなサービスを提案せよ」、4日目はシュークリーム屋さんで「タイで売れる新しい商品を提案せよ」というようなサブミッションが出されたりする訳です。

　学生は、コース横断的にこの研修に参加しているので、それぞれのコースの専門を学んでいます。例えば英語は得意だが今までビジネスなど全くやったことも考えたこともない学生もいれば、タイの文化はよく知っているがビジネスは全くやったことがないという学生もいます。逆にビジネスのことは学んできたが、英語に自信がないという学生もいます。文化や歴史のことはすごく学んできた、あるいはインタビューの仕方は学んだが英語とタイ語はからきし苦手という学生もいます。

　このため、この研修では、6カ月の事前研修期間を使って、あらかじめコース混合でチームを組んで、それぞれの専門分野、得意とするものを持ち寄りながら、ミッションに取り組んでいくという仕掛けも組み込んでいます。

　したがって、それぞれのコースでミッショングローバル研修に行く前に受講している科目はというと、英語コースではやはり英語についての学びを深めますし、国際コースは異文化理解や東南アジア論などの学びを深めます。情報・経営コースはビジネス系の学びを深めていて、心理・人間文化コースはコミュニケーションやインタビュースキルなどを深めます。それぞれがお互いできることを持ち寄ることによって、企業に入った後に実際に仕事をする上で、一人ではできない仕事をチームでやっていく場合の協働力の必要性を感じさせることが狙いです。協働すれば自分がスーパーマンでなくても仕事ができる、そして自分に足りないところを知り、それを伸ばしていこうという学生のインセンティブにつなげていっています。

　（発表当時は株式会社サンデンホールディングス様にご支援いただいておりましたが、2018年度の研修より株式会社JTB高崎支店様にご支援いただいております）

第4節　コモンルーブリックによるアセスメント

　本学ではeポートフォリオなども使い始めながら、大学全体としてのアセスメントに役立てていこうとしています。しかしサンプルがまだそれほどたくさんありませんし、IRなどのシステムを導入しても分析が十全とは言えません。今後のさらなる課題としています。

　次の図6-7、図6-8は本学のアセスメントの全体像と、学生に毎年、自己評価させている本学独自のルーブリックです。このルーブリックはPROGテストや学士力、社会人基礎力などを参考に本学独自の項目を作り出したものです。

　これで学生に自己評価させて、留学に行く前と留学に行った後で、「こんなところが変わった」、逆に「コミュニケーションには自信があったができなかった。じゃあもっとコミュニケーションを学ぼう」などと、学生の今後

204

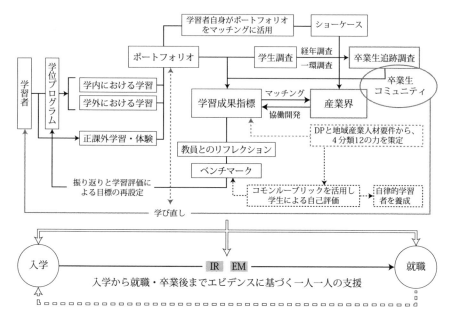

図6-7　大学全体としてのアセスメント：学生の成長を可視化するサイクルを作る

　の学ぶべき方向性を導いていく資料の一つにしています。

　このような研修を経験すると、自分が今まで興味があると思っていた分野
から離れて、あるいは飛び越えて、様々な他分野の学びを続け深めていこう
とする学生がたくさん生まれます。

　今の段階ではこのような評価はまだ定性的なので、これをいかに定量的に
分析して、より良いカリキュラム作りに活かしていくかが課題だと考えてい
ます。

4つの軸	12の力	12の力の定義	レベル4	レベル3	レベル2	レベル1
識見意見	共生のための知識	多様な存在が共生し続けることができる社会を築いていくために必要な知識	共生のための社会の諸課題に対応するための、新たな知を生み出すことができる。	共生のための社会の諸課題について、知識を組み合わせて、自分の言葉で説明することができる。	所属するコミュニティの専門的な知識を習得している。	文化、社会、地域、人間、自然、外国語に関する体系的な知識の習得に努めている。
	共生のための態度	多様な存在が共生し続けることを尊重する考えや行動	多様な存在が共生可能な社会のために、考え、学び、行動し続けることができる。	多様な存在が共生する社会の中で、自分ができること、やらなければいけないことについて考えることができる。	授業や活動を通じて、社会の多様な存在を肯定的に構成または受容し、多様性を尊重する気持ちを持っている。	自分の態度や信念は他の文化やコミュニティの態度や信念とは異なっているという自覚をもっている。
	グローカル・マインド	地域社会と国際社会の興味・関心を捉え、両者をつなぐことで、地域社会の発展に寄与する姿勢	地域社会と世界をつなぎ、自らが暮らしている地域の発展に貢献するグローカルな人材として活躍していくためのビジョンを持つことができる。	地域社会と国際社会の関わりについて、様々な学びを通じて、主体的に考え合うことができる。	母国内外の政治・文化・社会・経済と歴史について知りたいという意欲がある。	自らの暮らし、学びの場である地域の経済・文化・社会・歴史について知りたいという意欲を持っている。
自律する力	自己を理解する力	自己の特徴、強み・弱み、成長を正しく把握し理解する力	様々な経験を振り返ることで、自分の特徴、強み・弱み、成長を客観的に把握でき、将来に向けての自分のイメージを持つことができる。	様々な経験を振り返ることを通じて、自分の特徴、強み・弱み、成長を多面的に理解することができる。	自らの興味・関心や特徴、長所や短所について考えながら、授業や活動に取り組むことができる。	授業や学外の活動を通じて、自分の興味・関心のありかを確認したり、新たな興味の対象を見つけようとしたりしている。
	自己を制御する力	ストレスや感情の揺れ動きと上手く付き合いながら、学ぶべき課題に臨み組む力	ストレスや感情の揺れ動きと上手く付き合いながら、大きな課題に価値ある解決を続けることができる。	ストレスや感情の揺れ動きと上手に付き合いながら、困難な課題に取り組むことができる。	達成が容易でない課題でも、最後まで粘り強く取り組むことができる。	設定した目標に向かって、取り組むことができる。
	主体性	人からの指示を待つことなく、自らやるべきことを見つけ、行動する力	達成困難な課題であっても、解決のための方法を模索しながら、自ら動き続けることができる。	自らすべきことを見つけ、行動し、その結果を振り返り、次の行動に活かすことができる。	指示を待つのではなく、自分の状況を判断したうえで、自らすべきことを見つけ、行動している。	指示を待つのではなく、何をすればよいか、すべきことを見つけようとしている。
コミュニケーション力	伝え合う力	コミュニケーションにおいて、相手の意図を正しく理解し、自分の意図を効果的に伝達する力	レベル1〜3や複数の言語で行うコミュニケーションにおいて、相手の意図を正しく理解し、自分の意図を効果的に伝達することができる。	適切なコミュニケーション・ツールを使いながら、わかりやすく表現することができる。	コミュニケーションの状況や相手の立場を考慮して、伝達方法を工夫することができる。	発言や文章の論点を正しく理解することができる。
	協働する力	他のメンバーと協調しながら集団として目標達成に向けて行動する力	良いグループになるための条件を常に模索し、他のメンバーの働きかけを通じて、グループの目標達成に貢献することができる。	多様な意見を立場、利害を把握した上で、グループ内の関係性構築に貢献できる。	グループでの自分の役割、責任を理解し、自分ながらにグループに貢献することができる。	他者の発言をよく聞き、会話の流れをしっかり追いながら、グループに協力することができる。
	関係を構築する力	様々な他者と円滑な関係を築く力	多様な他者と円滑な関係性や、バックグラウンドが異なる他者とも円滑な関係を築くことができる。	互いの状況や立場についての理解を深め合うことにより、相手と円滑な関係を築いていくことができる。	相手の状況や立場を理解し、共感を示しながらコミュニケーションをとり、相手を尊重してコミュニケーションをすることができる。	相手を一方的に伝えるだけでなく、マナーを守り、相手を尊重してコミュニケーションをすることができる。
問題に対応する力	分析し、思考する力	様々な情報を収集、分析し、論理的に思考して課題を発見する力	必要な情報を効率的に集め、多面的な視点から分析を行い、現実の、または学問上の問題について新たな課題を発見することができる。	情報・資料の分析を通じて、物事を多面的に見ることにより、問題の新たな側面を発見することができる。	自ら情報・資料を収集し、それらを論理的に分析し、考察することができる。	与えられた情報・資料を読み取ることができる。
	構想し、実行する力	課題に対応するための計画を立て、実行する力	現実の、または将来の問題を解決するために、収集した情報や知識を活用しながら計画を立て、完遂することができる。	計画の進捗状況を確認し、必要に応じて計画を修正しながら、着実に実行していくことができる。	立てた計画を着実に実行することができる。	取り組むべき物事に対して合理的な計画を立てることができる。
	実践的スキル	現代社会において必要な基本的スキルと自らの強みとなる実践的スキル	問題解決に役立つ様々なスキルを身につけ、自らの強みとなるスキルを組み合わせて、状況に応じて柔軟に活用することができる。	自らの強みとなるスキルを身につけ、問題に対応することができる。	学びに必要な基本的なスキルのスキルとして活用できる。	学びに必要な基本的な事柄（コンピューターの使い方やレポートの書き方など）を理解している。

図 6-8　共愛学園前橋国際大学コモンルーブリック

第7章　留学・海外プログラムの学修成果の可視化

——異文化適応テスト・ルーブリック・Eポートフォリオをめぐって——

芦沢真五（東洋大学国際学部教授）

第1節　留学プログラムのアセスメントが求められるように なった背景とIDI

　海外留学や海外プログラムの学修成果に関してアセスメントが重要視されるようになったのは、アメリカでも2000年ごろからのことです。

　その理由としては、第2章で太田先生も触れられていますが、オーストラリアのニューコロンボプランやアメリカでも単位が取れる海外学修の機会をもっと増やすという方向にむかってきたからです。また、世界的に海外留学が短期化する傾向にあり、こうした短期の海外研修に参加する学生が増えてきています。

　一方、特に日本では、奨学金資金を含めて、プログラムを運営するために競争資金を確保していくことが重要視されてきました。こうした資金獲得のための競争力を維持していくためにも、短期プログラムでもきちんと学修成果が上がっているのかどうかをチェックする必要が増してきます。さらに、留学プログラムそのものの競争力を維持してくためにも、学修成果を示す必要が大きくなってきたことがあります。これは留学プログラムそのものの質を向上させる、という目的とは別に、IR的な観点からもアセスメントが重視されるようになってきたことを表しています。

　北米、特にアメリカでも学修成果のアセスメントが盛んに進められていますが、ここでは日本とは少し事情が異なります。アメリカで第三者機関やコンソーシアム（大学の連合体）による留学プログラムの提供が大変多くなって

いますが、その内容が玉石混交で、なかには質の低いレベルのものもたくさんあったからです。そこで、留学プログラムの質を評価する必要性が生じ、そのためにアセスメントが必要になってきたことが挙げられます。アセスメントを通じて、学生の学びの成果を可視化し、質保証につなげようとしてきたのです。第三者機関や留学プログラムを運営する大学関係者が中心となって、2001年に The Forum of Education Abroad（以下、Forum）という国際教育団体が結成されました（Bolen 2007）。主として短期海外プログラムの質保証を確保するため、ガイドラインの制定やアセスメント手法について研究したり紹介したりしてきました。このようにアメリカでは、主として学生の学びの可視化、短期プログラムの質保証、プログラムの改善に資することがアセスメントを実施する主たる動機となってきたと言えます。

　このような背景で重視されるようになった学修成果の可視化ですが、学修成果を測る物差しとして、いくつかのテストが開発されています。この中で、主流となっているものの一つに IDI（Intercultural Development Inventory）というテストがあります。これは1986年に、Hammer と Bennett らによって開発されたもので、60の質問項目（Version 1：Version 2・3については50の質問項目。現在は12言語対応）により、異文化感受性を測定し、その結果から、DMIS に示されている6つの発達段階のどこに位置しているのかを見分けるテストです。

　DMIS（Developmental Model of Intercultural Sensitivity）とは異文化感受性発達モデルのことで、Bennett（1986, 1993）らが開発したものですが、Intercultural competence：異文化を認識し受け入れ、その違いに適応していこうとする能力（Bennett 1993）、いわゆる異文化適応能力には、段階があることを提示した（**図 7-1** 参照）という点で、かつ個人の感情、認識、行動まで段階別に具体的に示した点で、画期的（Hammer et al. 2003）なものです。

　この IDI テストはアメリカで、異文化間トレーニング、教育現場、ビジネス分野において広く活用されていますし、大学の留学プログラムの学修成果のアセスメントテストとしても最も広く活用されています。

　このような流れが世界に波及し、現在では20数カ国で IDI は受験できますし、日本語で受験できるようになっています。日本では、2012年ごろか

Denial	●異文化という概念の欠如、拒否。自文化だけが唯一のもの。排他的。隔離。我々 VS その他。二元論的枠組み。Denial of difference
Defense	●自文化の優位性を強調し、異文化を卑下する傾向がある。違いが脅威となる。Defense against difference ●Reversal: 別の文化に価値を見出し、自文化が相対的に低いとみなす傾向になる。
Minimization	●他と自分の間に、相違点よりも共通点を見つけだし、その視点から他文化を許容しようとする。しかし、その共通点でさえも、自分の文化から見た共通点であり、限界がある。共通点には価値を見出すが、そうでない部分には否定的な反応をする。Minimization of difference
Acceptance	●自文化中心から他文化相対への移行段階。自文化の特異性、特徴を見出し、受け入れることで、他文化も受け入れようとする姿勢。普遍的な共通性を見出し、価値観の違いを尊重する。Acceptance of difference
Adaptation	●異なった視点から世界を見られるようになり、文化の違いを察して、適切な行動を意図的にできるようになる。(Intercultural empathy) ●Cognitive and behavioral adaptation to difference
Integration	●自文化と異文化の融合がさらに進み、個人のなかで新たな文化が創造される。どの文化に身を置いても、自分のアイデンティティを統合できる (Cultural marginality)。Integration of difference

Bennett(1993),Bennett et al.(2003) をもとに作成。作成者：秋庭（2011）

図 7-1　DMIS：6 つの発達段階における特徴

ら文部科学省「グローバル人材育成推進事業」が導入されたのを契機として普及していきます (芦沢 2014)。このころから、日本比較教育学会や留学生教育学会などで、留学プログラムをどのように開発または運営するか、という議論が活性化しました。グローバル人材育成教育学会が発足するのもこのころでした (2013 年)。

　ただ、現実の運用面から見ると、IDI テストは使用料がかなり高い上に、著作権管理が厳しいなど、運用面で不便な部分もあります。例えば、受験は

210

日本語でできますがテスト結果は英語で出てきて、英語がそれほど堪能では
ない学生の場合はカウンセリングに使いにくいという面があります。

　そこで最近、日本で徐々に普及しつつあるテストが、BEVI です。

第 2 節　BEVI など多様なテストの登場と、それを利用する観点

　BEVI は確立した心理学・臨床心理学理論に基づき 1990 年代初頭から開発
が始められたもので、Beliefs, Events, and Values Inventory の略になります。英
語版はミシガン州立大学やバデュー大学など北米・オーストラリア・香港
の約 60 大学で導入されています (Wandschneider, et al. 2015)。BEVI の日本語版
である BEVI-j は、BEVI 開発者のシーリー教授と広島大学の西谷　元（はじ
め）教授が共同で開発し、すでに 20 以上の国公私立大学で導入されています。
BEVI は背景情報、信条・価値観・世界観に関する質問項目、3 つの質的な「経
験に対する内省的」質問から構成された混合メソッドを採用し、コンピテン
シー等に関する直接的な表現や文化的バイアスが排除され、派遣プログラム
のみならず受入プログラムでも利用できるよう配慮されていることが特徴で
す (西谷 2018)。ただ、BEVI には レジリアンスやジェンダーなど、人間の心
理的構成要素全体が含まれていて、そのテスト対象は異文化理解に限定され
ていないため、使いにくい面があるという意見もあります。ただ、別の考え
方もあり得ます。学生の留学プログラムによる成長は、異文化適応能力に限
定されたものではなく、もっと幅広いものであるのも事実で、そこまでカバー
してみていく必要があるという面も否定できません。良くも悪くも、BEVI
は異文化適応能力だけでなく、コンピテンシーのより深いレベルを測定して
いるのが特徴だということです。

　日本国内では、民間会社が開発したテストを留学の効果測定に活用する
ケースもみられます。「日本人の海外留学の効果測定に関する調査研究」成
果報告書（平成 29 年度文部科学省委託事業）において、長崎外国語大学、共愛
学園前橋国際大学、芝浦工業大学、九州工業大学において、PROG という
テストを留学の効果測定に使っている事例が紹介されています。PROG は

Progress Report of Generic Skills の略で、2012 年に複数の民間会社が共同開発したジェネリックスキル測定アセスメントです（PROG 白書プロジェクト 2015）。PROG ではリテラシー（知識を活用して課題を解決する力・思考力）とコンピテンシー（経験を積むことで身についた行動特性）を測定することを目指しており、学修成果の可視化、教学改革のためのデータ収集、学生の成長支援、などの目的で活用されています（PROG 白書プロジェクト 2018）。自己評価と併用して留学の効果測定ツールとしても使われています。

　派遣留学における適応力に特化した評価ツールとしては、早稲田大学と民間保険会社が共同で開発した「留学準備教育スケール」（Scale of Readiness for Study Abroad、以下「SRSA」）があります。「SRSA」では、気質的側面であると仮定する「基本的性格」と社会生活の中で身につける「社会的能力」の 2 つの観点から、学生の海外留学に対する適応力を測定しようとしています。早稲田大学では 2017 年から活用を開始しているようですが、このツールにより、①学生自身がセルフケアをはかる、②渡航前に留意が必要と思われる学生への組織的な指導、③出発前と帰国後に SRSA テストを実施することで留学後の個人の成長をはかる、などの活用法が提示されています（橋上 2018）。

　JAOS 留学アセスメントテストは、海外留学協議会（JAOS）が、行動特性研究所と提携して開発した行動心理学的アプローチを用いた心理テストです（新見・阿部・星 2019a）。このアセスメントテストは、グローバルな環境で必要とされるコミュニケーション力、問題解決力、グローバルで活躍する姿勢（グローバルマインド）、留学で求められる行動（留学先での学習行動・グローバルビヘイビア）という 4 つの「グローバル力」のコンピテンシーを測定しようとしています。これら 4 つのグローバル力という観点に関して、留学前後の行動特性や能力・姿勢の変化を分析するため、一橋大学など複数の大学で活用されています（新見・阿部・星 2019b）。

　このように、留学で身につく力は語学や異文化適応力だけではなく、自立心やセルフエスティームなども含まれるので、それらも含めてアセスメントすべきだという議論が最近はおこなわれるようになってきています。また、就職活動で通用する能力と関連づけて留学効果を測定しようとする動きもあ

ります。そうした結果として、日本の大学でも様々な試験が使われるように
なってきている訳です。そして、そのことはある意味で健全なことだと思っ
ています。

　ただ、筆者が強調しておきたいことは2つあって、1つはこうしたアセス
メントの本来的な在り方としては国際比較などが可能な指標であることが望
ましいという点です。もちろん、IDIやBEVIにしてもアメリカ国内から始
まって次第に国際的になってきた訳ですが、留学プログラムのアセスメント
に用いるのであれば、そのような国際的な通用性を確保していくことが重要
だろうと思います。

　そしてもう1つは、ただ1つの指標だけで学修成果をアセスメントするの
は不可能に近いということです。例えば、各大学のディプロマポリシーやカ
リキュラムポリシーに適合したテストを採用すればいいと思われるかもしれ
ませんが、このような既成のテスト1つだけでは、個々の大学のディプロマ
ポリシーと必ずしも整合性が取れる訳ではありません。重要なことは、どの
指標を用いるにしても自分が何を測定しているのかをしっかりと認識し、そ
れを学生にも自覚させた上で用いるということだと思います。そして、1つ
のテストに依存するのではなく、いくつかの指標を組み合わせたアセスメン
トのモデルを構築していくべきです。

第3節　アセスメントに活用できるヴァリュー・ルーブリック

　あらためて、アセスメントの意義について確認しておきますが、広い意味
では、ディプロマポリシーやカリキュラムポリシーに則ったかたちでカリ
キュラムやプログラムにアセスメントを組織的にビルトインすることによっ
て、鳥瞰的に当該大学または学部で何がどう動いているかを認識する。それ
がIRな訳です。そして、学生たちを目指している方向に育成するためにカ
リキュラムが適切にデザインされ、マネジメントされているかを調べるとい
うことです（芦沢 2018）。

　狭い意味での学修成果のアセスメントは、教員が自らの授業を通じて学生

が何を学んだのかを把握するという行為になります。筆者としては、この両者を包括したものとしてアセスメントをとらえるべきだと考えています。

そして、学生が何を学んだかを把握するツールの一つとして、ヴァリュー・ルーブリックがあります。

もちろんルーブリックは、測定ツールという面だけでなく、教育のツールという側面もあり、教員と学生の対話のためのツールです。成績評価に使うべきものではありませんが、学生がどのような能力を伸ばしているのかを可視化すること、自覚させるツールとしては有効なものだと思います（**図 7-2**参照）。

またヴァリュー・ルーブリックは、非常に複層的に構成されているものなので、特定の学科のディプロマポリシーに取り込んでいけば、学生のリフレクションに活用できるだけでなく、カリキュラムに関する IR としても活用できるものです（松下 2014）。

筆者が所属する東洋大学国際学部でも、まだ現在はヴァリュー・ルーブリックをディプロマポリシーとリンクさせてはいませんが、そういう方向にもっ

	Capstone 4	Milestone 3	Milestone 2	Benchmark 1
Diversity of Communities and Cultures				
Analysis of Knowledge				
Civic Identity and Commitment				
Civic Communication				

ルーブリックは、判定基準を段階的に表記したものであるが、学生の学習成果や習熟度などの評価基準としても活用できる（学生自身が内省的に自己評価をする際にも有効）。

Source：VALUE (Valid Assessment of Learning in Undergraduate Education) Rubric, Association of American Colleges and Universities (AAC&U), 2009

図 7-2　ルーブリックをどう活用するか？―VALUE Rubric(Intercultural) を例として―

ていく必要があるのではという議論がおこなわれている段階です。

　そもそも学生の成長を考えていく際に、偏差値やTOEICの点数で輪切りにして評価するというようなやり方だけでは、実際の学修成果を把握することはできません。ルーブリックはより学生の側に立って成果の進捗を考えて編み出されてきたと言えます。

　ヴァリュー・ルーブリックはアメリカで約1,300もの会員校を抱える、大学教育の質保証を研究しているAAC&U（アメリカ大学・カレッジ協会）が開発したもので、16個の全てが完成したのは2013年です[1]。

　以下の16の複層的なルーブリックで構成されています。

- CIVIC ENGAGEMENT
- CREATIVE THINKING
- CRITICAL THINKING
- ETHICAL REASONING
- INFORMATION LITERACY
- INQUIRY AND ANALYSIS
- INTEGRATIVE LEARNING
- INTERCULTURAL KNOWLEDGE AND COMPETENCE
- FOUNDATIONS AND SKILLS FOR LIFELONG LEARNING
- ORAL COMMUNICATION
- PROBLEM SOLVING
- QUANTITATIVE LITERACY
- READING
- TEAMWORK
- WRITTEN COMMUNICATION
- GLOBAL LEARNING

　注意しておくべきなのは、このヴァリュー・ルーブリックは、20年以上にわたって共同開発されてきたものですが、実際にアメリカでも個々の大学

において用いられる際には、個別の大学の現状に合わせて改良されているということです。日本でも、このヴァリュー・ルーブリックを用いる際には、機械的に適用するのではなくローカライズすることが重要でしょう。

　また、このローカライズするプロセス自体が、教員集団にとって自分が属する学部や学科の現状を認識し、教育目標を共有していく上で不可欠のプロセスとなるはずです。

　次の図7-3は、「INTERCULTURAL KNOWLEDGE AND COMPETENCE」のルーブリックです。筆者が和訳したものと一緒に掲載しておきます。

　個々の授業の中で特定のルーブリックを使う場合は、シラバスと連動させて使うことが一般的です。「何がどの程度できるようになるべきか」という学修目標はシラバスに明示されているので、ルーブリックを提示することで段階的に学修し、理解を深めることを促すことができます。授業の目標に対する透明性を高め、学生は何を目標に学修すればよいかを明確にすることができます。一方、このルーブリックを学科や学部の学修目標や留学プログラムの中で用いる場合は、必ずしも1つのルーブリックだけで事足りる訳ではありません。育成する人材像や学修成果の目標を設定することから、少なくとも4〜5種類のルーブリックを組み合わせて使っていくことになると思います。例えば、学科の卒業要件やディプロマポリシーに併せて、2つのコミュニケーション力（Oralと Writing）、批判的思考（Critical Thinking）、市民意識（Civic Engagement）の4分野で Capstone 水準を目指す場合は、学生に対してカリキュラムの中での位置づけを明示し、履修指導、カウンセリング、自己分析を繰り返すことで、アセスメントの成果を活かすことができます。

　現状では、ルーブリックを学生が活用する場合、自己の到達度を理解する上で自己診断のかたちで利用してもらうことが多いと思いますが、授業の中でも自己理解を深められるような工夫がさらに必要になってくると思われます。ヴァリュー・ルーブリックが16種類にわたる多面的なモデルを提示しているのは、個々の大学やプログラムの目標に見合って、複数の指標を使ったアセスメントをおこなうことを前提にしているからです。重要なことは、ステークホルダー（特に教員と学生）の間で、ルーブリックの利用に関する理

216

INTERCULTURAL KNOWLEDGE AND COMPETENCE VALUE RUBRIC

for more information, please contact value@aacu.org

Definition

Intercultural Knowledge and Competence is "a set of cognitive, affective, and behavioral skills and characteristics that support effective and appropriate interaction in a variety of cultural contexts" (Bennett, J. M. 2008. Transformative training: Designing programs for culture learning. In *Contemporary leadership and intercultural competence*, ed. M. A. Moodian, 95-110. Thousand Oaks, CA: Sage.)

Evaluators are encouraged to assign a zero to any work sample or collection of work that does not meet benchmark (cell one) level performance.

	Capstone 4	Milestones 3	Milestones 2	Benchmark 1
Knowledge *Cultural self-awareness*	Articulates insights into own cultural rules and biases (e.g. seeking complexity; aware of how her/his experiences have shaped these rules, and how to recognize and respond to cultural biases, resulting in a shift in self-description.)	Recognizes new perspectives about own cultural rules and biases (e.g. not looking for sameness; comfortable with the complexities that new perspectives offer.)	Identifies own cultural rules and biases (e.g. with a strong preference for those rules shared with own cultural group and seeks the same in others.)	Shows minimal awareness of own cultural rules and biases (even those shared with own cultural group(s)) (e.g. uncomfortable with identifying possible cultural differences with others.)
Knowledge *Knowledge of cultural worldview frameworks*	Demonstrates sophisticated understanding of the complexity of elements important to members of another culture in relation to its history, values, politics, communication styles, economy, or beliefs and practices.	Demonstrates adequate understanding of the complexity of elements important to members of another culture in relation to its history, values, politics, communication styles, economy, or beliefs and practices.	Demonstrates partial understanding of the complexity of elements important to members of another culture in relation to its history, values, politics, communication styles, economy, or beliefs and practices.	Demonstrates surface understanding of the complexity of elements important to members of another culture in relation to its history, values, politics, communication styles, economy, or beliefs and practices.
Skills *Empathy*	Interprets intercultural experience from the perspectives of own and more than one worldview and demonstrates ability to act in a supportive manner that recognizes the feelings of another cultural group.	Recognizes intellectual and emotional dimensions of more than one worldview and sometimes uses more than one worldview in interactions.	Identifies components of other cultural perspectives but responds in all situations with own worldview.	Views the experience of others but does so through own cultural worldview.
Skills *Verbal and nonverbal communication*	Articulates a complex understanding of cultural differences in verbal and nonverbal communication (e.g., demonstrates understanding of the degree to which people use physical contact while communicating in different cultures or use direct/indirect and explicit/implicit meanings) and is able to skillfully negotiate a shared understanding based on those differences.	Recognizes and participates in cultural differences in verbal and nonverbal communication and begins to negotiate a shared understanding based on those differences.	Identifies some cultural differences in verbal and nonverbal communication and is aware that misunderstandings can occur based on those differences but is still unable to negotiate a shared understanding.	Has a minimal level of understanding of cultural differences in verbal and nonverbal communication; is unable to negotiate a shared understanding.
Attitudes *Curiosity*	Asks complex questions about other cultures, seeks out and articulates answers to these questions that reflect multiple cultural perspectives.	Asks deeper questions about other cultures and seeks out answers to these questions.	Asks simple or surface questions about other cultures.	States minimal interest in learning more about other cultures.
Attitudes *Openness*	Initiates and develops interactions with culturally different others. Suspends judgment in valuing her/his interactions with culturally different others.	Begins to initiate and develop interactions with culturally different others. Begins to suspend judgment in valuing her/his interactions with culturally different others.	Expresses openness to most, if not all, interactions with culturally different others. Has difficulty suspending any judgment in her/his interactions with culturally different others, and is aware of own judgment and expresses a willingness to change.	Receptive to interacting with culturally different others. Has difficulty suspending any judgment in her/his interactions with culturally different others, but is unaware of own judgment.

図 7-3　異文化理解ヴァリュー・ルーブリック

	4. Capstone（目標水準）	3. Milestone（発展段階）	2. Milestone（基礎段階）	1. Benchmark（基盤1）
文化的自己理解	自己の持つ文化的規範や偏見についても客観的に分析する能力があり、周囲の文化的偏見に対しても自己規制も含めた対処をすることができる。	文化規範や偏見について意識を新たにする段階：文化的差異に直面しても差異を尊重することができる。	自己の文化規範や偏見について意識できる段階：他の文化より自己の文化を尊重する傾向がある。	自己の文化規範や偏見について、限定的な認識を持つ段階：異なる文化との差異について的確な対応ができず、困惑する状況。
文化的世界観	異なる文化について、歴史、価値観、政治、経済、コミュニケーション形態、信条などの複雑な観点をもとに深い理解をすることができる。	異なる文化について、歴史、価値観、政治、経済、コミュニケーション形態、信条などの観点から適切な理解をすることができる。	異なる文化について、歴史、価値観、政治、経済、コミュニケーション形態、信条などの複雑な観点について限定的な理解をすることができる。	異なる文化について、表面的なレベルの理解があり、歴史、価値観、政治、経済、コミュニケーション形態、信条などの限定的な理解をすることができる。
異文化理解力	複数の世界観を理解し、別の状況に適合する能力を発揮することを通じて、異なる文化集団の人々に対して、現実的な問題設定の中でも理解のある行動様式をもつことができる。	異なる世界観の存在を知的かつ感情的な側面で理解をすることができ、他者との交流・折衝において異なる世界観に基づいた行動様式を持つ場合がある。	他の文化に基づく概念が存在することを認識してはいるが、基本的には自分の世界観からのみ判断をおこなう。	他者の経験から学ぼうとはしているが、自己の文化的価値観からしか思考することができない。
コミュニケーション能力	文化的差異にかかわる言語的かつ非言語的なコミュニケーション形式に理解を持ち、この理解力をもとに的確に交渉する能力を有する。	言語的かつ非言語的なコミュニケーションにおいて、文化的な差異を認識したうえで、差異を前提とした共通理解を作り出す努力をすることができる。	言語的かつ非言語的なコミュニケーションにおいて、文化的差異を部分的に認識することができ、この差異によって誤解が生じることを理解しているが、共通理解を作り出す行動をとることができない。	言語的かつ非言語的なコミュニケーションにおいて、文化的差異について最低限の理解をもつことができるが、共通理解を作り出すことはできない。

	4. Capstone（目標水準）	3. Milestone（発展段階）	2. Milestone（基礎段階）	1. Benchmark（基盤1）
知的好奇心	異なる文化の背景事情について複雑な水準の疑問を設定する力があり、その疑問に対する答えを多文化理解の観点で解釈する能力をもつ。	異なる文化に関して深い水準の疑問を投げ、答えを見出すための行動をとることができる。	他の文化に関して、単純で表面的な疑問を問いかけることができる。	他の文化を学ぼうという最低限の姿勢がみられる。
文化的受容力	異なる文化的背景をもつ人々との交流・折衝を主導し発展させる能力を有する。異なる文化の人々との交流・折衝において自己の判断を絶対視せず、判断を留保することができる。	異なる文化的背景をもつ人々との交流・折衝することに取り組み始める段階。自己の判断を絶対視せず、判断を留保する傾向が出始める。	他の文化背景を持つ人々との交流・折衝において、相手に対する受容性を見せ始める。自己の価値基準による判断を留保することが困難な段階であるが、自己の判断基準を変える用意がある。	他の文化背景を持つ人々との交流・折衝において受け身の姿勢を持つ段階。自己の価値基準にもとづく判断を留保することが困難な段階である。自分の判断基準そのものについての自覚がない。

注：このルーブリックは、AAC&U (Association of American Colleges and Universities) による
INTERCULTURAL KNOWLEDGE AND COMPETENCE VALUE RUBRIC というルーブリックを翻訳したものである（翻訳は筆者）。

解を深めることです。それを実現できれば、アセスメントの手法も多様化、高度化していくでしょう。

第4節　E ポートフォリオ運用の意義

　過去 10 年間にわたり、学生一人ひとりの成長の記録を追跡していくツールとして E ポートフォリオが注目され始めています。ポートフォリオという言葉の語源は、「書類を運ぶケース」から発していると言われていますが、デザイナーなどの芸術家が目的に応じて自分の成果物をケースから取り出して見せる、というイメージを想起する場合の方が多いでしょう。学生の学修成果の証拠物を電子データにしてオンライン上に保管し、必要に応じて評価に使ったり、ショーケースのように情報開示することが E ポートフォリオの主たる機能であると言えます。

　筆者が 2011 年から科研費に基づく調査をおこなった範囲では、北米や豪州において先進的な取り組みが見られました。こうした海外の利用モデルでは、国際教育の分野に特化して運用されているというよりも、学修成果に着目して汎用的に使われていると言えます (芦沢 2012)。

　日本では、国際教育の分野で活用例が増えてきました。その理由としては、2012 年に文部科学省が「グローバル人材育成推進事業 (以下、GGJ)」を開始したことが挙げられます。この事業では、採択大学は、語学力の目標 (標準テストの結果など) をクリアしている学生数、在学中に単位取得をともなう留学をおこなった学生数などを的確に把握することが求められました。短期の海外研修などを拡大する上で、学生の学修履歴、海外学修実績、英語学修成果、異文化適応テストのフィードバックなどをデータ化して蓄積することにより、学修成果の証拠物を集めようとしたからです。また、学生と教員、教員同士、学生同士の情報共有とコミュニケーションを進めるツールとしても活用されてきました。

　こうしてみると、日本では、国際教育プログラムにかかわる政府補助金に対する説明責任 (コンプライアンス) を果たすことを一つの目的として、E ポー

トフォリオの運用が発展してきた経緯があると言えます。これは GGJ 以降にも継承されており、スーパーグローバル大学創生支援事業 (SGU) においても、その要素が見られると言えるでしょう。しかし、こうした導入の経緯はともかく、E ポートフォリオの活用がもたらす効果は多面的で非常に大きなインパクトを持っていることは間違いありません。以下は、筆者が国際教育プログラムにおける E ポートフォリオの効果的運用として取り上げたモデル（芦沢 2018）ですが、今後の展開においても有用であると考えるので一部の字句を修正して引用させていただきます。

①一定の学修目標に対する達成段階を、教員、留学アドバイザー、国際教育にかかわる事務職員が学生個々の情報を共有しながら把握し、指導する。

②英語標準テストなど、海外留学に必要な語学力を着実に学生が身につけているかを把握する。語学力が不足する学生にはデータを基に適切な指導をおこなう。学生自身も自己の力を把握する。

③学生の異文化適応に関して、ルーブリックや異文化適応テストを活用し、学生の自己評価、テスト結果などを E ポートフォリオ上に記録することで学習指導や学生個人の振り返り（セルフ・レビュー）に活用する。ちなみに筆者の大学では、海外学習に参加する学生に IDI (Intercultural Development Inventory) というテストを使って、異文化適応にかかわる分析と指導をおこなっている。

④学生は、自分の学修目標に対する到達度を確認しながら、留学準備を進める。志望理由など、的確な文書が作成できるようにポートフォリオ作成段階から指導をおこなう。

⑤留学中の学修記録（東洋大学の場合は Monthly Report として毎月のレポートを義務化）やインターン体験などを履歴データとして蓄積し、キャリア形成に役立てる。同時に先輩のデータを後輩の指導に役立てる。

⑥海外研修中および長期留学中に学生同士のコミュニケーション・ツールとしても活用する（立命館アジア太平洋大学〈APU〉などでは研修に参加中の学

生同士がコミュニケーションをとって支えあう取り組みもおこなわれている）。
⑦留学期間中の危機管理のため、緊急連絡先など必要な情報を関係者が共
　有することを通じて、迅速な対応を目指す。

おわりに

　本章では、異文化適応テスト、ルーブリック、E ポートフォリオを使って
学修成果を分析しようとする取り組みについて概観してきました。これらに
共通することは、3 つのステークホルダー（高等教育機関、教職員、学生）が何
のためにアセスメントをしているのか、何を測ろうとしているのか、を十分
に認識し、有意義なシステムを維持していくことが重要となっていることで
す。従来は、国際プログラムに参加する学生への事前・事後アンケートがア
セスメントの主たるツールでした。留学に行く学生に事前と事後にアンケー
トを取り、当初の期待に応えられる内容であったか、学修計画に沿った留学
となったか、異文化理解は促進されたか、などを分析していました。それ自
体は意味のあることですが、事前と直後だけに実施するアンケートでは、留
学の効果を十分に分析する上では不十分です。国際教育プログラムが多様化
する中で、複数の指標を使って多面的に調査をする必要がでてきています。
また、留学経験者に留学後 5 年から 10 年を経て継続調査をおこなうことが
できれば、留学経験が実社会でどう生きているかを調べることが可能になり
ます。もちろん、そのためには、卒業後も継続してオンライン上で調査をお
こなえるようなシステム設計が必要となっています。長期のフォローアップ
ができると、先輩たちの留学体験データを後輩たちの留学計画に役立てるこ
ともできるでしょう。このような視点をもって、アセスメントの在り方を常
に検証し、改善していくことが求められています。

注

1　AAC&U のウェブサイトを参照されたい。https://www.aacu.org/value-rubrics

222

参考文献

秋庭裕子（2011）「IDI を活用した学習成果の評価について」科学研究費「国際教育プログラムの質保証と学習成果分析（研究課題番号：23330232）」研究会における発表資料, 2011 年 12 月 2 日, 明治大学.

芦沢真五（2012）「連載『国際プログラムの学習成果分析と E ポートフォリオ』第 1 回―海外学習体験の質的評価の将来像」『ウェブマガジン「留学交流」』独立行政法人日本学生支援機構（JASSO）, pp.1-7.

芦沢真五（2014）「グローバル人材育成における大学の役割―グローバル・コンピテンスと学習成果分析―」『リメディアル教育研究』第 9 巻第 1 号, pp.42-50.

芦沢真五（2018）「実践編　E ポートフォリオ学習成果分析と世代間交流〜 GJ5000 プロジェクトと「留学のすすめ .jp」〜」横田雅弘・太田浩・新見有紀子編『海外留学がキャリアと人生に与えるインパクト―大規模調査による留学の効果測定―』学文社, pp.236-258.

学校法人河合塾（2018）「日本人の海外留学の効果測定に関する調査研究」成果報告書（平成 29 年度文部科学省委託事業）.

新見有紀子・阿部仁・星浩（2019a）「短期語学留学経験と 4 つの「グローバル力」―留学前後の行動特性の変化に基づく考察―」『留学生交流・研究指導』21 号, pp.7-20.

新見有紀子・阿部仁・星浩（2019b）「派遣留学経験とグローバル人材育成：JAOS 留学アセスメントテストを用いた考察」『一橋大学国際教育交流センター紀要』1 号, pp.83-92.

西谷元（2018）「留学体験の客観的測定――BEVI を用いて――」『大学時報』Vol. 380, pp.74-79.

橋上愛子（2018）「派遣留学生のためのメンタルヘルス対策―大学内の体制構築と留学準備教育スケール（SRSA）の活用事例―」『ウェブマガジン「留学交流」』独立行政法人日本学生支援機構（JASSO）pp.1-13.

PROG 白書プロジェクト（2015）『PROG 白書 2015』学校法人河合塾・株式会社リアセック監修 学事出版.

PROG 白書プロジェクト（2018）『PROG 白書 2018』学校法人河合塾・株式会社リアセック監修 学事出版.

松下佳代（2014）「学習成果としての能力とその評価」『名古屋高等教育研究』第 14 号, pp.235-255.

Elizabeth Wandschneider, Dawn T. Pysarchik, Lee G. Sternberger, Wenjuan Ma, Kris Acheson, Brad Baltensperger, R.T. Good, Brian Brubaker, Tamara Baldwin, Hajime Nishitani, Felix Wang, Jarrod Reisweber & Vesna Hart（2015）. The Forum BEVI Project: Applications and Implications for International, Multicultural, and Transformative Learning, Frontiers: The Interdisciplinary Journal of Study Abroad, pp.150-228.

Hammer, M. R., Bennett, M. J., & Wiseman, R.（2003）. Measuring intercultural sensitivity: The

Intercultural Development Inventory. International Journal of Intercultural Relations, 27(4), pp.421-443.

Milton J. Bennett (1986). A developmental approach to training for intercultural sensitivity. International Journal of Intercultural Relations, 10 (2) , pp.179-196.

Milton J. Bennett (1993). Towards ethnorelatism: A developmental model of intercultural sensitivity. In R.M. Paige (ed.) , Education for the intercultural experience, Yarmouth, ME: Intercultural Press. pp.21-71.

Mell C. Bolen (2007). A Guide to Outcomes Assessment in Education Abroad, Forum on Education Abroad.

謝　辞

　河合塾が送り出した高校生、受験生は、大学でどのように学んでいるのか。その疑問を解き、入試情報だけではなく、大学での学びの情報を高校や高校生に、さらに大学に対しても発信するために、河合塾大学教育調査プロジェクトは 2006 年に発足しました。以来、河合塾の教育研究部門として、大学生が何を学んでいるのかを明らかにするため、教養教育、初年次教育、アクティブラーニングのテーマに取り組み、2016 年度はグローバル教育の観点から取り組んできました。

　この調査活動をきっかけに、2017 年度には文部科学省委託事業「日本人の海外留学の効果測定に関する調査研究」を受託し、また 2019 年度には、独立行政法人日本学生支援機構留学生事業部海外留学支援課が実施する「海外留学支援制度（協定派遣）プログラムの事前・事後研修に関する調査」を受託しました。これらの活動をまとめた書籍を 2020 年度に発刊すべく準備をしていましたが、コロナ禍で状況が一変しているのに、コロナ禍以前の内容のままで良いか悩んでおりました。

　そのような中、今回の調査やセミナーにご参加いただいた海外留学・国際教育の研究者と実践者の先生方から、アフターコロナの社会における海外留学の在り方を見いだすためにも、ビフォアコロナ、ウイズコロナとの橋渡しが必要であるとの、ご意見や激励を多数いただきました。

　また、2019 年 3 月に実施させていただいたセミナー「カリキュラムデザインと事前・事後学習から見た留学・海外プログラム」の際には、当時の文部科学省高等教育局学生留学課のご担当者は、海外留学を通してグローバル社会で活躍できる人材の育成、そのための教育の仕組みづくりと支援の重要性を繰り返し語られていました。

　こうした専門家の方々の意見やお考えと弊塾本プロジェクトの意思を踏まえ、教育の力でできることを止めないために、また、グローバル社会に対応

した大学教育への発展に少しでも貢献できるよう、本書の発刊を決意しました。

これまでのアンケート調査・実地調査やインタビューにご協力いただきました大学の先生や職員の方々、インタビューに快く応じてくださった学生の皆様、本調査の重要性を常に説き導いてくださいました先生方に、改めて感謝申し上げます。

特に本書籍にご寄稿いただき、そして緊急座談会では示唆に富む議論を展開してくださった、芦沢真五先生(東洋大学)、井上雅裕先生(当時芝浦工業大学)、太田浩先生(一橋大学)、深堀聰子先生(九州大学)、村澤昌崇先生(広島大学)、村山賢哉先生(共愛学園前橋国際大学)〈あいうえお順 所属は2021年2月6日時点〉には、重ねてお礼申し上げます。

最後に、本書の出版を当初の計画を延期しながらも快諾くださった東信堂の下田勝司社長に感謝の意を表します。

本書が、これからの日本の学生の海外留学の可能性をさらに広めると共に、大学、高校での学びの実践者および支援者への一助となれば幸いです。

2021年7月吉日

河合塾 大学教育調査プロジェクト

執筆者紹介

芦沢　真五（あしざわ　しんご）

東洋大学　国際学部　教授

フルブライト奨学生としてハーバード大学教育大学院に留学（Ed.M 教育学修士）。慶應義塾大学、大阪大学、明治大学などを経て 2013 年より現職。一般社団法人国際教育研究コンソーシアム（RECSIE）理事。「転換期の教育交流と国際教育の将来像：コロナ禍における教育交流のパラダイムシフト」（2020 年）、"Student Mobility Trends and the Role of University Networks in the Asia Pacific Region-UMAP and Its New Initiatives-"（2019）など多数の発表論文がある。現在、国際共同研究加速基金（国際共同研究強化（B））「国境を越える人材と資格・学歴認証の将来像」の研究代表者として、外国学修歴・資格の認証と電子化にかかわる研究を推進している。トヨタ財団助成事業「外国人材を戦略的に受け入れるための社会基盤の創設」代表者。東京規約ユネスコ・アジア太平洋地域会議委員。

井上　雅裕（いのうえ　まさひろ）

慶應義塾大学大学院システムデザイン・マネジメント研究科　特任教授

早稲田大学大学院理工学研究科　物理学及応用物理学専攻　博士前期課程修了。博士（工学）、技術士（情報工学部門）。三菱電機株式会社、芝浦工業大学教授、同副学長を経て、2021 年 4 月より現職。公益社団法人日本工学教育協会理事、国際委員会委員長、工学教育のデジタライゼーションとデジタルトランスフォーメーションの調査研究委員会委員長。受賞：工学教育賞（論文・論説部門、2 回）、工学教育賞（著作部門）、工学教育賞（業績部門、2 回）他。著書：「M2M/IoT システム入門」森北出版、「組込みシステム」共立出版、「システム工学　―定量的な意思決定法―」オーム社、「システム工学　―問題の発見・解決の方法―」オーム社、「プロジェクトマネジメント・ツールボックス」鹿島出版会。

太田　浩（おおた　ひろし）

一橋大学全学共通教育センター　教授

ニューヨーク州立大学バッファロー校教育学大学院教育政策研究科修士課程及び博士課程修了（Ph.D. 取得）。東洋大学国際交流センター、ニューヨーク州立大学バッファロー校国際教育部、一橋大学商学研究科専任講師、同大学国際戦略本部准教授、同大学国際教育センター教授を経て現職。留学生教育学会副会長。専門は比較・国際教育学、高等教育国際化論。著書に『大学の国際化と日本人学生の国際志向性』（共著、2013、学文社）、『海外留学がキャリアと人生に与えるインパクト』（共著、2018、学文社）など多数。

深堀　聰子（ふかほり　さとこ）

九州大学 副理事・教育改革推進本部　教授

1997 年、京都大学大学院教育学研究科博士後期課程退学。2000 年、米国コロンビア大学大学院修了（Ph.D. 取得）。帰国後、東京大学社会科学研究所助手、国立教育政策研究所高等教育研究部長などを経て、2018 年から本学教育改革推進本部教授。2020年 10 月から現職。主要著書として、『アウトカムに基づく大学教育の質保証―チューニングとアセスメントに見る世界の動向』（編著、東信堂、2015 年）。

村澤　昌崇（むらさわ　まさたか）

広島大学高等教育研究開発センター・副センター長・准教授

広島大学大学院博士課程後期を単位取得満了退学。広島大学助手、広島国際学院大学講師、広島大学高等教育研究開発センター講師を経て現職。博士（教育学）。専門は、高等教育論、教育社会学。特に高等教育の数量データを使った計量分析を手がける。編著に『大学と国家』。日本高等教育学会理事、日本教育社会学会理事。

村山　賢哉（むらやま　けんや）

共愛学園前橋国際大学　国際社会学部長　教授

明治大学商学部商学科、同大学院博士課程修了。博士（商学）。2012 年に学校法人共愛学園に入職、共愛学園前橋国際大学専任講師・准教授を経て、現職。専門は商学・経営学（組織論および人的資源管理論）。教学マネジメントや大学 DX といった教育の質保証・改革、海外での PBL 研修などグローバル社会に対応した問題発見・解決力の育成に取り組む。また起業家教育にも注力し、地域の課題を解決していく学生起業家輩出にも取り組んでいる。

中尾　走（なかお　らん）

愛媛大学工学部、愛媛大学大学院教育学研究科、広島大学高等教育研究開発センター研究生を経て、現在は広島大学大学院教育学研究科博士課程後期に在学中。日本学術振興会特別研究員。

◆河合塾大学教育調査プロジェクトメンバー（五十音順）

河合塾　教育研究開発本部　教育研究開発部
　青柳　里（あおやぎ・さと）
　石鍋　京子（いしなべ・きょうこ）
　伊藤　寛之（いとう・ひろゆき）
　小島　恵美子（こじま・えみこ）
　中村　桂（なかむら・かつら）
　桝中　則男（ますなか・のりお）
　野吾　教行（やご・のりゆき）　プロジェクトリーダー
　山本　康二（やまもと・こうじ）

教育ジャーナリスト
　友野　伸一郎（ともの・しんいちろう）

学生を成長させる海外留学プログラムの設計
──［収録］緊急座談会「コロナ禍における海外留学・国際教育の現状と展望」──

2021 年 10 月 30 日　初　版第 1 刷発行　　　　　　　　　　　　〔検印省略〕

＊定価はカバーに表示してあります

編著者 © 河合塾　発行者 下田勝司　　印刷・製本　中央精版印刷

東京都文京区向丘 1-20-6　郵便振替 00110-6-37828　　　　　　　　発 行 所
〒 113-0023　TEL 03-3818-5521（代）　FAX 03-3818-5514　　株式 東 信 堂
　　　　　E-Mail tk203444@fsinet.or.jp　URL http://www.toshindo-pub.com/　会社

Published by TOSHINDO PUBLISHING CO.,LTD.

1-20-6, Mukougaoka, Bunkyo-ku, Tokyo, 113-0023, Japan

ISBN978-4-7989-1737-5 C3037 Copyright©Kawaijuku

東信堂

高校生の学びと成長に向けた大学選び
―偏差値もうまく利用する　　溝上慎一　九〇〇円

学びと成長の講話シリーズ

①アクティブラーニング型授業の基本形と生徒の身体性　溝上慎一　一〇〇〇円
②学習とパーソナリティ
　―「あの子はおとなしいけど成績はいいんですよね」をどう見るか　溝上慎一　一六〇〇円
③社会に生きる個性
　―自己と他者・拡張的パーソナリティ・エージェンシー　溝上慎一　一五〇〇円

アクティブラーニング・シリーズ

①アクティブラーニングの技法・授業デザイン　安永悟・関田一彦・水野正朗 編　一六〇〇円
②アクティブラーニングとしてのPBLと探究的な学習　溝上慎一・成田秀夫 編　一八〇〇円
③アクティブラーニングの評価　石井英真・松下佳代・溝上慎一 編　一六〇〇円
④高等学校におけるアクティブラーニング：理論編（改訂版）　溝上慎一 編　一六〇〇円
⑤高等学校におけるアクティブラーニング：事例編　溝上慎一 編　二〇〇〇円
⑥アクティブラーニングをどう始めるか　成田秀夫　一六〇〇円
⑦失敗事例から学ぶ大学でのアクティブラーニング　亀倉正彦　一六〇〇円

若者のアイデンティティ形成
―学校から仕事へのトランジションを切り抜ける
　ジェームズ・E・コテ&チャールズ・G・レヴィン著／河井亨・溝上慎一訳　三二〇〇円

大学生白書2018
―3年間の全国大学調査から
―今の大学教育では学生を変えられない　溝上慎一　二八〇〇円

学生を成長させる海外留学プログラムの設計
―［収録］緊急座談会「コロナ禍における海外留学・国際教育の現状と展望」　河合塾編著　二四〇〇円

グローバル社会における日本の大学教育
―アクティブラーニングと教授学習パラダイムの転換
―全国大学調査からみえてきた現状と課題　河合塾編著　三八〇〇円

大学のアクティブラーニング
―3年間の全国大学調査から　河合塾編著　三二〇〇円

「学び」の質を保証するアクティブラーニング
―3年間の全国大学調査から　河合塾編著　二〇〇〇円

「深い学び」につながるアクティブラーニング
―全国大学の学科調査報告とカリキュラム設計の課題　河合塾編著　二八〇〇円

アクティブラーニングでなぜ学生が成長するのか
―経済系・工学系の全国大学調査からみえてきたこと　河合塾編著　二八〇〇円

〒113-0023　東京都文京区向丘 1-20-6　TEL 03-3818-5521　FAX03-3818-5514　振替 00110-6-37828
Email tk203444@fsinet.or.jp　URL:http://www.toshindo-pub.com/

※定価：表示価格（本体）＋税